Friedrich Wörter

Beiträge zur Dogmengeschichte des Semipelagianismus

Friedrich Wörter

Beiträge zur Dogmengeschichte des Semipelagianismus

ISBN/EAN: 9783743425460

Hergestellt in Europa, USA, Kanada, Australien, Japan

Cover: Foto ©ninafisch / pixelio.de

Manufactured and distributed by brebook publishing software (www.brebook.com)

Friedrich Wörter

Beiträge zur Dogmengeschichte des Semipelagianismus

Beiträge

zur

Dogmengeschichte des Semipelagianismus

von

Dr. Friedrich Wörter.

Mit kirchlicher Druckerlaubnis.

Paderborn.
Druck und Verlag von Ferdinand Schöningh.
1898.
Zweigniederlassungen in Münster, Osnabrück und Mainz.

Vorwort.

Vorliegende Schrift ist durch die in neuester Zeit wieder angeregte Frage veranlaßt, ob Cassian Semipelagianer sei. Der Verfasser hat dieselbe, wie er glaubt, aus guten Gründen, bejaht; von der entgegengesetzten Auffassung vermochte er sich nicht zu überzeugen.

Aus dem Titel der Schrift ist ersichtlich, daß sie sich mit der Lehre Cassians nicht in ihrem ganzen Umfange, sondern nur nach ihrer anthropo-soteriologischen Seite, und zwar insoweit, als es der ihr gesteckte Zweck erheischte, befaßt.

Als Einleitung ist die Abhandlung über die Anfänge des Semipelagianismus vorausgeschickt. Die dritte Abhandlung, welche Prospers Polemik gegen den Collator enthält, ist die Wiedergabe eines in früheren Jahren erschienenen Universitätsprogrammes. Bei der nahen Beziehung Prospers zu Cassian bedarf der Wiederabdruck dieser Dissertation wohl keiner besondern Rechtfertigung.

Freiburg i. B., im Mai 1897.

Der Verfasser.

Inhaltsübersicht.

Seite

I.
Die Anfänge des Semipelagianismus.

Einleitendes 1
1. Die hadrumetinischen Mönche . . . . 1—3
2. Vitalis von Karthago . . . . 3—4
3. Die Massilienser . . . . 4—7
4. Prosper von Aquitanien und Hilarius . . . . 7—9
5. Der Urheber des Semipelagianismus. Augustins Lehrverhältnis zu den Massiliensern . . . . 10—15
6. Die voraugustinischen Väter . . . . 16—21
7. Vitalis und Joh. Cassian . . . . 21—30

II.
Cassians Lehre.

1. Die Notwendigkeit der Gnade . . . . 31—34
2. Äußere und innere Gnade . . . . 34—37
3. Die Gnade in Bezug auf Intelligenz und Willen . . 37—39
4. Der freie Wille . . . . 39—40
5. Warum die Gnade notwendig sei . . . . 40—42
6. Der status originalis . . . . 42—48
7. Die Sünde Adams und ihre Folgen für ihn und sein Geschlecht. Erbsünde . . . . 48—58
8. Verhältnis der Gnade zum freien Willen: die Priorität der Gnade vor dem Willen . . . . 59—68
9. Die Priorität des Willens vor der Gnade . . . . 68—71
10. Cassians Semipelagianismus . . . . 71—77
11. Die Prädestination . . . . 77—79

III.

Prospers Lehre.

1. Biblische und traditionelle Würdigung der Lehre Cassians . 80—84
2. Formell logische und sachliche Beurteilung derselben . . 84—96
3. Die Erbsünde . . . . 96—106
4. Gratia creatrix . . . . 106—115
5. Die Prädestination . . . . 115—128

Berichtigungen.

S. 2 Anm. Z. 1 statt Seminare — seminare.
S. 23 Z. 8 v. u. „ dieselbe — dieselben.
S. 29 Z. 4 v. u. ist patiuntur zu streichen.
S. 67 Z. 2 v. o. statt allem — allen.

I.
Die Anfänge des Semipelagianismus.

Die von Augustin wider den Pelagianismus verteidigte Lehre von der Gnade fand selbst bei solchen Widerspruch, die nicht Anhänger dieser Häresie waren. Anstoß erregte bei ihnen zunächst die nachdrücklich aufgestellte Behauptung, daß die Gnade nicht, wie Pelagius wollte, auf vorausgehendes Verdienst des Willens hin, sondern durchaus ohne solches von Gott erteilt werde, da sie der Meinung waren, eine solche Bestimmung sei mit der Willensfreiheit unverträglich. Mochten sie auch mit Augustin die pelagianische Ansicht, die Gnade im Unterschiede von der Natur sei bloß äußere, bestehend in geoffenbartem Gesetz und Lehre, verwerfen und die zur christlichen Heilsthätigkeit erforderliche Gnade als ein den Willen innerlich bestimmendes Princip auffassen, so glaubten sie doch die Verhältnisbestimmung, wonach im subjektiven Heilsprozeß der Gnade die Priorität vor dem Willen zukommt, im Interesse der Freiheit verneinen und das umgekehrte Verhältnis statuieren zu sollen. Eine derartige Bewegung trat von verschiedenen Seiten auf.

1.

Zunächst opponierte eine wiewohl nur geringe Anzahl von Mönchen in der Kongregation zu Hadrumet, der Metropole der nordafrikanischen Provinz Byzacenä. Veranlassung gab ihnen hierzu ein Brief Augustins an den römischen Presbyter und nachmaligen Papst Sixtus, worin er die auch nach der Verurteilung des Pelagianismus von offenen und geheimen Anhängern[1] desselben

---

[1] Ep. ad Sixtum (ep. 194) sagt Augustin c. 1, 2: Sunt quidam, qui iustissime damnatas impietates adhuc liberius defendendas putant; et sunt, qui occultius penetrant domos, et quod in aperto iam clamare metuunt, in secreto

festgehaltene Lehre, daß im Heilsprozesse der gute Wille der Gnade vorausgehen müsse, weil sonst die Willensfreiheit aufgehoben werde,[1] und daß sonach die vom Menschen zu übende Gerechtigkeit von Gott nur unterstützt werde, wenn ihr ein selbsteigenes Willensverdienst vorausgehe,[2] bekämpft und die entgegengesetzte Lehre, daß die wahre Gnade die ohne und vor allem Verdienst erteilte sei, verteidigt. Hieraus nun folgerten die erwähnten Mönche, daß der Begriff der unverdienten Gnade nicht nur die Freiheit des Willens aufhebe, sondern auch den Glaubensartikel von der einstigen Vergeltung der Handlungen eines jeden am Tage des Gerichtes illusorisch mache.[3]

Zur Belehrung dieser Mönche, die sich offenbar durch den Begriff der gratia sine ullo merito data in der Verdienstlichkeit ihrer Askese beeinträchtigt glaubten, schrieb Augustin an ihren Abt Valentin und zugleich an sie selber zwei Briefe,[4] sowie eine eigene Schrift, de gratia et libero arbitrio. Augustin gab sich der Hoffnung hin, daß durch diese Schrift, wenn sie nur fleißig gelesen und richtig verstanden werde, die Uneinigkeit in der Kongregation aufhören werde.[5] In der That kehrte, wie Abt Valentin an Augustin berichtet, Ruhe und Friede wieder in die Gemüter ein, besonders nachdem die wenigen Störenfriede, denen die Streitlust angeboren war, die Kongregation verlassen hatten.[6] Übrigens war diese hadrumetinische Bewegung von keiner besondern Bedeutung; hatte doch den Urhebern derselben ihr eigener Abt das Zeugnis der Rusticität und Unwissenheit ausgestellt, wofür auch ihr tumultuarisches Gebaren spricht.[7]

Seminare non quiescunt. Sunt autem, qui omnino siluerunt magno timore compressi, sed adhuc in corde retinent, quod ore iam proferre non audent, qui tamen esse possunt fratribus ex priore ipsius dogmatis defensione notissimi.

[1] Ibid. 2: Putant auferri sibi liberum arbitrium, si nec ipsam bonam voluntatem sine adiutorio Dei hominem habere consenserint.

[2] Ibid. 2, 6: ... ita se fatentur ad habendam seu faciendam iustitiam divinitus adiuvari, ut sui praecedat aliquid meriti, quasi priores volentes dare, ut retribuatur eis etc.

[3] Ep. ad Valentinum abbat. et monachos hadrumetin. (inter epp. Augustini 224) 1.

[4] Bei Augustin epp. 224. 225 (Mauriner Ausgabe).

[5] Ep. 225, 2.   [6] Bei Augustin ep. 226, 3.

[7] Ibid. 1—3.

Augustins Schrift an die Hadrumetiner sollte indessen zu einer neuen Einwendung Veranlassung geben. Er hatte nämlich in ihr die Forderung gestellt, daß, weil mit der Gnade die Liebe eingegossen werde, alles mit Liebe geschehen solle (1. Kor. 16, 14), also auch die Zurechtweisung (correptio), die von denen, welchen sie gilt, unangenehm, ja bitter empfunden werde.[1] Ein hadrumetiner Mönch zog jedoch aus dem von Augustin verteidigten Begriff der gratia praeveniens die praktische Folgerung, daß die Vorsteher ihre Untergebenen wegen Nichtbefolgung der klösterlichen Vorschriften nicht bestrafen, vielmehr lediglich für sie beten sollten, es möge Gott ihnen die zur Erfüllung der Gebote notwendige Gnade schenken.[2] Diese Meinung zu widerlegen, verfaßte Augustin, dem dieselbe zur Kenntnis gekommen war, die Schrift de correptione et gratia. Ob sie ihren Zweck erreichte, wird nirgends angegeben.

2.

Eine der Augustinischen Lehre entgegengesetzte trug ferner Vitalis vor, wie wir aus einem hierwegen an ihn gerichteten Briefe Augustins wissen.[3] Dieser homo in Carthaginiensi eruditus ecclesia, wie Augustin ihn nennt, bezeichnete die Zustimmung zur Predigt des Evangeliums, d. i. den Glauben, lediglich als Sache unseres Willens und hielt nur die darauf folgenden Werke für Geschenke der Gnade. Phil. 2, 13, wonach Gott in uns das Wollen und Vollbringen wirkt, erklärte er echt pelagianisch: durch sein Gesetz und die hl. Schrift, die wir hören oder lesen, sei es, daß wir wollen. Gottes Wirksamkeit auf den Willen beim Zustandekommen des Glaubens ist ihm sonach eine bloß moralische: durch das gehörte oder gelesene Wort Gottes

---

[1] De gr. et lib. arbitrio c. 17, 34.

[2] Retract. l. II. cap. ultim. — De corr. et gr. c. 2, 4: Ut quid nobis praedicatur atque praecipitur, ut declinemus a malo, et faciamus bonum, si hoc nos non agimus, sed id velle et operari Deus operatur in nobis. — c. 3, 5: Ergo, inquiunt, praecipiant tantummodo nobis, quid facere debeamus, qui nobis praesunt, et ut faciamus, orent pro nobis; non autem nos corripiant et arguant, si non fecerimus. — S. auch capp. 4. 5. 6.

[3] Ep. 217.

aufgefordert und angeregt, stimmt der Wille dem Evangelium zu und kommt er durch seine rein natürliche Thätigkeit zum ersten Heilsakt, dem Glauben.[1]

3.

Ungleich bedeutender als die Opposition in Afrika war die aus ähnlichen Gründen[2] in Südgallien auftauchende Bewegung. Viele Mönche — Servi Christi nennt sie Prosper —, besonders in Massilien, daher kurzweg Massilienser genannt, sprachen sich zunächst gegen die in den antipelagianischen Schriften bis zum Jahre 426 namentlich wider Julian vorgetragene Prädestinationslehre Augustins aus,[3] da sie nicht in Übereinstimmung mit der Lehre der Väter und der kirchlichen Tradition stehe und unverträglich mit der Willensfreiheit

---

[1] Ibid. c. 1, 1 sagt Vitalis: Ut recte credamus in Deum et Evangelio consentiamus, non esse donum Dei, sed hoc nobis esse a nobis, id est, ex propria voluntate, quam nobis in nostro corde non operatus est ipse? Deus in nobis operatur et velle et perficere (Phil. 2, 13) per legem suam, per Scripturas suas, Deum operari ut velimus, quas vel legimus vel audimus; sed eis consentire vel non consentire ita nostrum est, ut, si velimus, fiat; si autem nolimus, nihil in nobis operationem Dei valere facimus. Operatur quippe ille, quantum in ipso est, ut velimus, cum nobis nota fiunt eius eloquia: sed si eis adquiescere nolumus, nos ut operatio eius nihil in nobis prosit efficimus. — Ibid. 2, 4 erklärt Vitalis Ps. 36, 23 also: Si enim lateret eum doctrina Dei, non dirigerentur gressus eius, quibus directis vellet viam Dei. Cui si consentit, quod in eius libero arbitrio constitutum est, recte utique dicuntur ab illo dirigi gressus eius, ut viam eius velit, cuius doctrinam suasione praecedente, subsequente consensione sectatur, quod libertate naturali, si vult, facit, si non vult, non facit, pro eo, quod fecerit praemium vel supplicium recepturus.

[2] In seiner Epistel an Augustin sagt Prosper n. 2: Evenit ex dispositione Dei, ut cum quosdam intra Africam similia movissent, librum de correptione et gratia, plenum divinae auctoritatis emitteres.

[3] Oder wie Prosper a. a. O. n. 2 sagt, gegen die Lehre de vocatione electorum secundum Dei propositum. Ebenso Hilarius l. c. n. 2: Novum et inutile esse quod quidam secundum propositum eligi dicantur. — Prosper a. a. O. 3: Atque ut brevius ac plenius, quod opinantur, exponam: quidquid in libro hoc ex contradicentium sensu sanctitas tua sibi opposuit, quidquid etiam in libris contra Iulianum ab ipso sub hac quaestione obiectum, potentissime debellasti, hoc totum ab istis sanctis intentiosissime conclamatur. S. contra Iulian. Pelagian. l. IV, 8, 40—47. V, 6, 14.

sei. Die Opposition war anfangs nicht hartnäckig. Diese Mönche wollten vorerst die Ursache ihrer Differenz lieber ihrer schweren und langsamen Fassungskraft zuschreiben, als das etwa Nichtverstandene vorschnell tadeln. Einige derselben waren daher entschlossen, sich unmittelbar an Augustin zu wenden und ihn um eine lichtvollere und verständlichere Darstellung des schwierigen und dunkeln Lehrpunktes zu ersuchen. Noch ehe dies geschah, erschien unverhofft, aber zur rechten Stunde, die zweite Schrift Augustins an die Hadrumetiner: De correptione et gratia.[1] Prosper hatte gehofft, durch dieses Büchlein, welches die in Frage kommenden Lehrpunkte erschöpfend behandle,[2] würden sofort alle Widerreden verstummen. Diese Erwartung traf jedoch nur bei denjenigen zu, welche schon vorher der Augustinischen Lehre günstig gestimmt waren; dagegen der andere, und, wie es scheint, viel größere Teil fühlte sich noch mehr abgestoßen, da die in der erwähnten Schrift vorgetragene Gnadenlehre ihnen zu schroff erschien. Ja selbst solche, welche bisher dem großen Kirchenvater anhingen, wie Hilarius, Bischof von Arles, wurden ihm jetzt abgeneigt und entfremdet,[3] und über die anfangs mit Schüchternheit und Zweifel aufgenommene Lehre der Massilienser waren sie nunmehr entschieden.[4]

Was die Lehre dieser Massilienser betrifft,[5] so bekannten sie sich zur Lehre von der Erbsünde und hielten an dem Grundsatz fest, daß

---

[1] S. Anm. 3 S. 4.

[2] Augustin selber sagt de dono persever. c. 21, 55: Et ego quidem in illo libro, cuius est titulus ‚de correptione et gratia‘, qui sufficere non potuit omnibus dilectoribus nostris, puto me ita posuisse donum Dei esse, etiam perseverare usque in finem, ut hoc antea, si me non fallit oblivio, tam expresse atque evidenter, vel nusquam vel pene nusquam scripserim.

[3] Prosperi ep. ad Augustin. n. 2: Recensito autem hoc beatitudinis tuae libro, sicut qui sanctam atque apostolicam doctrinae tuae auctoritatem antea sequebantur, intelligentiores multo instructioresque sunt facti: ita qui persuasionis suae impediebantur obscuro, aversiores, quam fuerant, recesserunt. — Letztere, und besonders Hilarius, Bischof von Arles, scheint Augustin im Sinne zu haben, wenn er in der oben aus de dono persever. c. 21 citierten Stelle von seinem liber de correptione et gr. sagt: qui sufficere non potuit omnibus dilectoribus nostris.

[4] Prosper, ibid. n. 9. S. vorige Anm.

[5] Definitio ac professio, sagt Prosper a. a. O.

kein Mensch durch seine Werke, sondern durch die göttliche Gnade der Wiedergeburt selig werde. Aber sie leugneten, daß diese Gnade nur einem Teil der sündigen Menschheit beschieden sei und zu teil werde, da die Prädestination zur Seligkeit nicht, wie Augustin wolle, eine principiell partikuläre sei und nicht sein könne, weil durch eine solche Theorie die Willensfreiheit aufgehoben werde, an ihre Stelle eine Art fatalistischer Notwendigkeit (quaedam fatalis necessitas) trete und die Tugend zur Unmöglichkeit werde. Da mit Augustins partikulärem Prädestinationsbegriff jener von der zuvorkommenden Gnade in innigstem Zusammenhang steht,[1] leugneten sie auch letztere. Zur Rettung der durch die Augustinische Lehre gefährdeten oder gar aufgehobenen Güter glaubten sie den unbeschränkten Heilsuniversalismus behaupten zu sollen; den wirklichen Vollzug dieses ewigen Willens am einzelnen Menschen machten sie von der Präscienz Gottes um das sittliche Verhalten desselben abhängig und stellten so den Anfang der Aneignung des Heiles in Christo in das Belieben des menschlichen Willens: diejenigen, lehrten sie, von denen Gott voraussieht, daß sie selbsteigen dem Evangelium zustimmen, d. i. glauben, prädestiniert er zum Heile, und solchen beschließt er die Erteilung der zu den guten Werken, welche auf den Glauben zu folgen haben, notwendigen Gnade. Mochten sie auch zwischen Glaubensakt und Glaubensgeneigtheit (credulitas) unterscheiden und jenen der Gnade als ihr Werk zuweisen, immerhin lehrten sie, daß der Mensch durch sein natürliches Vermögen zu der Gnade, durch welche wir in Christo wiedergeboren werden, gelange, indem er darnach verlange, suche und an der Thüre des Heils anklopfe.[2] Wieviel einer Vermögen zum Bösen habe, soviel

---

[1] De dono persever. c. 16, 41: Aut enim sic praedestinatio praedicanda est, quemadmodum eam sancta scriptura evidenter eloquitur, ut in praedestinatis sine poenitentia sint dona et vocatio Dei: aut gratiam Dei secundum nostra dari merita confitendum est, quod sapiunt Pelagiani. — Ibid. c. 20 (Ende). 21. 22 (Schluß).

[2] Prosper, l. c. 4: Ad hanc gratiam, qua in Christo renascimur, pervenire per naturalem scilicet facultatem, petendo, quaerendo, pulsando: ut ideo accipiat, ideo inveniat, ideo introeat, quia bono naturae bene usus, ad istam salvantem gratiam initialis gratiae ope meruerit pervenire. — Ibid. 5 macht Prosper der Lehre der Massilienser den Vorwurf, daß sie die durch die Gnade hervorgerufene und in den übernatürlichen Heilsprozeß fallende Glaubenserkenntnis

Die Anfänge des Semipelagianismus. 7

habe er auch zum Guten, und die Seele neige sich mit gleicher Kraft=
bewegung, sei es zu den Lastern, sei es zu den Tugenden; letztere auf
das Gute gehende Bewegung fördere Gottes Gnade, während die dem
Bösen folgende die gerechte Verurteilung treffe.[1] Prosper erhob daher
gegen die Massilienser den Vorwurf, daß sie mit ihrer Lehre von der
Priorität des Willens vor der Gnade im Heilsprozeß auf pelagia=
nischen Wegen wandeln.[2]

Da die Massilienser nach Prosper principiell auf demselben Boden
wie die Pelagianer standen, obwohl sie sich wiederum von diesen
durch die Behauptung der Notwendigkeit der Gnade, wenn auch nicht
zum Glauben, so doch zu den guten Werken, unterschieden, so be=
zeichnete Prosper die Vertreter dieser Ansicht als Pelagianae pravitatis reliquiae,[3] während der gewöhnliche Name derselben seit dem
Mittelalter Semipelagianer ist.

4.

Je faßlicher und klarer die semipelagianische Lehre dem gemeinen
Verstande erscheint, und je größer das Ansehen derer war, welche sie
vortrugen — denn sie zeichneten sich nicht bloß durch sittenreinen
Wandel aus, sondern einige von ihnen bekleideten selbst hohe kirchliche
Würden —, desto leichteren Eingang fand sie bei der Mehrzahl der

---

herabsetze auf die Röm. 1, 20 gelehrte natürliche, auch den Heiden mögliche Gottes=
erkenntnis: Praevisos, inquiunt, a Domino credituros, et ad unamquamque
gentem ita dispensata tempora ac ministeria magistrorum, ut exortura erat
bonarum credulitas voluntatum. Nec vacillare illud, quod Deus omnes
homines velit salvos fieri, et in agnitionem veritatis venire
(1. Tim. 2, 4); quandoquidem inexcusabiles sint, qui et ad unius veri Dei
cultum potuerint instrui intelligentia naturali, et Evangelium ideo non
audierint, quia nec fuerint recepturi.

[1] Ibid. 4: Putant, ut quia praevaricator ideo dicitur non obedisse,
quia noluit; fidelis quoque non dubitetur ob hoc devotus fuisse, quia voluit:
et quantum quisque ad malum, tantum habeat facultatis ad bonum; pari-
que momento animum se vel ad vitia vel ad virtutes movere, quem
bona appetentem gratia Dei foveat, mala sectantem damnatio iusta suscipiat.

[2] Ibid. 4.

[3] S. Prosperi ep. ad Augustin. 7: Unde quia in istis Pelagianae
pravitatis reliquiis non mediocris virulentiae fibra nutritur, si principium salutis male in homine collocatur etc.

Gläubigen. Mochten auch manche diese Lehre mißbilligen, so schwiegen sie doch dazu; die Achtung vor der Autorität hielt sie von dem an sich berechtigten Widerspruch ab. Nur wenige unerschrockene Freunde der vollkommenen Gnade (pauci perfectae gratiae intrepidi amatores) hatten den Mut, Opposition zu erheben. Indessen scheint dieselbe weder an Zahl noch auch qualitativ von Bedeutung gewesen zu sein. Und doch hielten die Anhänger der Augustinischen Lehre eine siegreiche Polemik gegen ihre Gegner für ein bringendes Bedürfnis. Dieser Überzeugung waren namentlich Tiro Prosper von Aquitanien und ein gewisser Hilarius,[1] nicht allein wegen der Glaubensfeindlichkeit, sondern auch wegen der Schädlichkeit der semipelagianischen Lehre für die echte und wahre christliche Sittlichkeit. Aber als Laien mochten sie, um nicht die den Gegnern nach kirchlicher Observanz schuldige Achtung zu verletzen, den Kampf nicht selber aufnehmen.[2] In dieser Verlegenheit wandten sich beide, und zwar jeder in einem eigenen Schreiben, an den hl. Augustin als den specialis patronus fidei damaliger Zeit, wie ihn Prosper feiert, und ersuchten ihn um eine möglichst lichtvolle Auseinandersetzung der dunkleren und schwierigeren Punkte in der obschwebenden Frage. Insbesondere wünschte Prosper, daß Augustin erstens die Größe der Gefahr aufzeige, welche die Lehre der Massilienser für den christlichen Glauben habe.[3] Zweitens solle er darthun, daß die Gnade, obwohl sie dem Willen vorausgehe und dieser durch sie das Heil wirke, kein Hindernis für seine Freiheit sei. Drittens möge er zeigen, wie die Prädestination sich zur Präscienz verhalte. Endlich viertens verlangte Prosper gegenüber der Behauptung der Massilienser, daß die Augustinische Lehre vom ewigen Heilsratschluß Gottes praktisch schädlich sei, und daß sie selbst dann, wenn sie die Wahrheit für sich hätte, verschwiegen werden müßte, den

---

[1] Seeberg, D. G. 1. Hälfte S. 312 verwechselt diesen Hilarius, der Laie war (s. dessen ep. ad Aug. n. 9), mit dem B. Hilarius v. Arles.

[2] Ep. Prosperi ad Augustin. 7: Ad auctoritatem talia sentientium non sumus pares: quia multum nos et vitae meritis antecellunt, et aliqui eorum adepto nuper summo sacerdotii honore supereminent. — Ep. Hilarii ad Augustin. 9: Sunt ex parte tales personae, ut his consuetudine ecclesiastica laicos summam reverentiam necesse sit exhibere.

[3] Ibid. 1.

Nachweis, daß die Predigt der (partikulären) Prädestinationslehre von keinem Nachteil für das sittliche Leben sei.[1]

Augustin entsprach dem Verlangen Prospers und Hilarius' in den beiden Schriften de praedestinatione sanctorum und de dono perseverantiae. Allein je geschärfter in ihnen die Gnadenlehre gegen den abgeschwächten und gemilderten Pelagianismus der Massilienser vorgetragen ist, desto schroffer und härter schien sie diesen letzteren, und desto weniger erreichten bei ihnen beide Schriften ihren Zweck. Vielmehr behaupteten sie jetzt erst recht entschieden, daß Augustins Lehre von der Gnade, durch welche wir Christen sind, eine inkorrekte sei. Sie thaten dies zugleich in einer Weise, welche einer Verunglimpfung des Namens des großen Kirchenvaters gleichkam. Augustin war inzwischen (a. 430) in die ewige Heimat eingegangen und konnte sich nicht mehr selbst gegen die wider ihn und seine Lehre vorgebrachten Kalumnien verteidigen. Es mußte daher die Pietät seiner Schüler ins Mittel treten und das Andenken ihres angegriffenen Meisters retten und wahren. Dieser Ehrenpflicht unterzog sich Prosper, welcher, wiewohl Laie, derselben in einer Weise genügte, die dem Schüler zum Lobe, dem Lehrer zum Ruhme gereicht. Der Aquitanier fühlte sich hierzu aber auch noch aus anderen Gründen aufgefordert. Die Lehre der Massilienser hatte auf dem Stadium der Entwicklung, in dem sie sich jetzt befand, ihren Grund nicht mehr in der tarditas ingenii, noch in der temeritas iudicii ihrer Vertreter, sondern sie hatte den Charakter einer bewußten und absichtlichen Opposition gegen die Augustinische. Diese ist jedoch, mit Ausnahme der Prädestinationstheorie, insbesondere die wider die Pelagianer und Semipelagianer verteidigte Lehre von der gratia sine ullo merito praecedente data, die kirchliche. Die Bekämpfung dieser antiaugustinischen Bewegung war daher zugleich die Verteidigung des Glaubens der Kirche, welche Prosper für seine Pflicht hielt, weil jedes weitere Gewährenlassen der Massilienser den Schein erweckt und begünstigt hätte, als ob der Pelagianismus, in welchem ihre Doktrin wurzelt, und mit dem sie ihrem innersten Kerne nach eins ist, von der Kirche mit Unrecht anathematisiert worden sei.[2]

---
[1] Ibid. 8.
[2] Prosper ad Rufin. c. 3. 18 Liber contra collator. c. 1. 21.

5.

Auf die Frage nach dem Urheber des Semipelagianismus hat man geantwortet, daß sich als solcher ein Einzelner nicht angeben lasse, indem die semipelagianische Verhältnisbestimmung des Willens zur Gnade sich schon bei den vorpelagianischen lateinischen Vätern vorfinde, von denen die Semipelagianer sie recipiert und sodann im Kampfe gegen Augustin besonders betont hätten.[1] In der That beriefen sich die Massilienser für ihre Lehre auf das Altertum und gaben sie für die kirchlich traditionelle aus.[2] Augustins Prädestinationslehre widerspreche der Meinung der Väter und dem kirchlichen Sinne; die von ihm aus dem Römerbriefe ad manifestationem divinae gratiae praevenientis electorum merita citierten Stellen seien von keinem kirchlichen Theologen (a nullo umquam Ecclesiasticorum) je so verstanden worden[3] Ja´ selbst auf Augustin beriefen sie sich, der in seinen Schriften aus früherer Periode das gerade Gegenteil seiner nunmehrigen Lehre vortrage.[4]

In der Erwiderung hierauf giebt Augustin, was zunächst ihn selbst betrifft, zu, daß er in einigen seiner früheren, vor der Zeit seines Episkopates verfaßten Schriften der irrigen Meinung gehuldigt habe, in welcher er jetzt die Massilienser befangen sehe.[5] Weil nämlich der Apostel 1. Kor. 12, 6 lehre, daß der eine und selbe Gott alles in allen wirke, es aber nirgends heiße, daß Gott alles in allen glaube, habe er gefolgert, dies, daß wir glauben, sei unsere Sache, daß wir aber das Gute wirken, sei Sache Gottes, der den Glaubenden den hl. Geist gebe.[6] Zum Zustandekommen des Glaubens, meinte er, sei, weil wir nicht glauben können, wenn nicht die Verkündigung der Wahrheit vorausgeht (Röm. 10, 14. 17), bloß die äußere Predigt

---

[1] Wiggers, Der Semipelagianismus. S. 4.
[2] Prosper sagt in s. Brief an Augustin (n. 3) von den Massiliensern: obstinationem suam vetustate defendunt.
[3] Ibid.
[4] Ep. Hilar. ad Aug. 3: Et hoc non solum aliorum Catholicorum testimoniis, sed etiam sanctitatis tuae disputatione antiquiore se probare testantur.
[5] De praedest. SS. c. 4, 8.
[6] Retract. l. I, 23, 3. — De praedest. SS. c. 3, 7.

Die Anfänge des Semipelagianismus.

erforderlich; daß wir aber dem uns verkündeten Evangelium über= zeugungsvoll zustimmen, dies sei lediglich unsere Sache, so daß der Glaube in uns von uns selber sei.[1]

Augustin kann jedoch nicht umhin, seine Verwunderung darüber auszusprechen, daß sich seine Gegner bloß auf die von ihm vor dem Episkopate verfaßten Schriften beriefen, dagegen die von ihm später und zwar vor Auftreten des Pelagianismus veröffentlichten, die einen Fortschritt zu richtigerer Erkenntnis aufweisen, ignorierten.[2] Eine solche fortschreitende Entwicklung könne man ihm doch nicht verwehren, noch ihm eine von vornherein irrtumslose, vollkommene Erkenntnis zumuten. Wollte er eine solche für sich in Anspruch nehmen, so wäre es eine dreiste Anmaßung.[3] Von diesem Gesichtspunkte aus, wonach jeder Mensch wie in allem so auch bezüglich der Erkenntnis der Ent= wicklung unterworfen ist, habe er seine Schriften einer Retraktation unterzogen und hierbei die früher in der Expositio quarundam propositionum ex epistola quae est ad Romanos gehegte Ansicht

---

[1] De praedest. SS. c. 3, 7: Putans fidem, qua in Deum credimus, non esse donum Dei, sed a nobis esse in nobis, et per illam nos impetrare Dei dona, quibus temperanter, et iuste et pie vivamus in hoc saeculo. Neque enim fidem putabam Dei gratia praeveniri, ut per illam nobis daretur, quod posceremus utiliter; nisi quia credere non possemus, si non praecederet praeconium veritatis. Ut autem praedicato nobis Evangelio consentiremus, nostrum esse proprium, et nobis ex nobis esse arbitrabar.

[2] De praedest. SS. c. 4, 8: In qua sententia (sc. de fide) istos fratres nostros esse nunc video, quia non sicut legere libros meos, ita etiam in eis curaverunt proficere mecum. — Vergl. Retract. prolog. n. 3, wo er die Forderung stellt, daß seine Schriften, weil sie eine fortschreitende Entwicklung zu richtigerer Erkenntnis aufweisen, in der Ordnung zu lesen seien, in der er sie verfaßt habe.

[3] De dono persever. c. 12, 30. — Ibid. c. 21, 55: Unde recolant, adversus haeresim Pelagianam iam ante aliquot annos ista dicta esse atque conscripta, quae nunc eis displicere mirandum est: quamvis neminem velim sic amplecti omnia mea, ut me sequatur, nisi in iis, in quibus me non errasse perspexerit. Nam propterea nunc facio libros, in quibus opuscula mea retractanda suscepi, ut nec meipsum in omnibus me secutum fuisse demonstrem, sed proficienter me existimo Deo miserante scripsisse, non tamen a perfectione coepisse: quando quidem arrogantius loquor quam verius, si vel nunc dico, me ad perfectionem sine ullo errore scribendi iam in ista aetate venisse.

vom Glauben als ausschließlicher Sache unseres Willens zufolge besserer Belehrung durch den heiligen Cyprian, der auf Grund von 1. Kor. 4, 7 lehrte, daß wir uns in nichts rühmen dürfen, da nichts unser sei,[1] als Irrtum zurückgenommen.[2] Den Begriff der zuvorkommenden, ohne jegliches vorausgehende Verdienst erteilten Gnade selbst aber habe er lange vor Ursprung der pelagianischen Häresie und ohne etwas von ihr zu wissen, in der an Simplician, den Nachfolger des Ambrosius im Episkopate, gerichteten Schrift de diversis quaestionibus,[3] sodann in den Konfessionen gelehrt, welche den Grundsatz: Da quod iubes, et iube quod vis, woran später Pelagius in Rom Anstoß nahm, enthalten und seine Bekehrung als Werk der göttlichen Gnade preisen, durch welche das von Thränen begleitete tägliche Gebet seiner Mutter, er möge nicht verloren gehen, erhört worden.[4] Für den Begriff der gratia gratuita weist Augustin ferner auf die beiden Briefe hin, die er an den Bischof Paulinus von Nola und an den römischen Presbyter Sixtus wider die Pelagianer ge-

---

[1] Ad Quirin. (testimon.) l. III. c. 4.

[2] Retract. l. I, 23, 3. — De praedest. SS. c. 3, 7.

[3] Retract. l. II, 1. — De praedest. SS. c. 4, 8. — De dono persever. c. 20, 52 sagt Augustin bezüglich der Berufung der Massilienser auf seine praecedentes libri für ihre Lehre: multum miror eos (hoc) dicere, nec adtendere, ut de aliis hic taceam, ipsos libros nostros et antequam Pelagiani apparere coepissent, conscriptos et editos, et videre quam multis eorum locis futuram nescientes Pelagianam haeresim caedebamus, praedicando gratiam, qua nos Deus liberat a malis erroribus et moribus nostris, non praecedentibus bonis meritis nostris, faciens hoc secundum gratuitam misericordiam suam. Quod plenius sapere coepi in ea disputatione, quam scripsi ad beatae memoriae Simplicianum ... in mei episcopatus exordio, quando et initium fidei donum Dei esse cognovi et asserui. — Conf. ibid. c. 21. 55.

[4] De dono persever. c. 20, 53: Quid autem meorum opusculorum frequentius et delectabilius innotescere potuit, quam libri Confessionum mearum? Cum et ipsos ediderim antequam Pelagiana haeresis exstitisset; in eis certe dixi Deo nostro et saepe dixi (l. 10. capp. 29. 31. 31): Da quod iubes et iube quod vis... Quid vero primitus et maxime Deus iubet, nisi ut credamus in eum? Et hoc ergo ipse dat, si bene illi dictum est, da quod iubes.

richtet, lange bevor die Massilienser mit ihrer Lehre an das Tages=
licht traten.¹
Die Massilienser beriefen sich ferner für ihre Lehre gegen Auguftin
auf deffen Schrift de tempore Christianae religionis wider Por=
phyrius, worin er die Erscheinung Christi auf Erden abhängig mache
von deffen Präfcienz des Glaubens derer, denen seine Lehre verkündet
werde.² Dies, entgegnet Auguftin, ist ja wahr, daß Christus voraus=
sehe, wer, wann und wo man ihm glauben werde; ob nun aber dieser
vorausgesehene Glaube auf selbsteigener Zustimmung des Willens be=
ruhe oder Werk der Gnade sei, d. i., ob Gott die Gläubigen als
solche bloß (tantum modo) vorausgewußt oder auch prädestiniert
habe, das zu untersuchen und zu besprechen habe er damals nicht für
notwendig gehalten. Wenn er ferner in derselben Schrift sage, dem
fehle das Heil nicht, der desselben würdig ist, so sei auch dies richtig:
es komme nur darauf an, wodurch? nach seiner Überzeugung nicht
durch den menschlichen Willen, wie manche behaupten, sondern durch
göttliche Gnade oder Prädestination.³

Endlich glaubten die Massilienser aus Auguftins Schrift de
libero arbitrio, auf die sich ja auch Pelagius in gleicher Absicht be=
rufen hatte, den Nachweis liefern zu können, daß seine damalige
Ansicht über Erbsünde und Gnade eine andere als die jetzige gewesen
sei.⁴ Im dritten Buche erwähnter Schrift (c. 30) wider die

---

¹ Ibid. c. 21, 55: Deinde ipsam epistolam, quam iam contra Pelagianos
ad s. Paulinum Nolanum episcopum feci, cui epistolae contradicere modo
coeperunt, nonne ante annos plurimos edidi? Eam quoque inspiciant,
quam dedi ad Sixtum Romanae ecclesiae presbyterum, quando adversus
Pelagianos acerrima conflictatione certavimus: et talem reperient, qualis
illa est ad Paulinum. Unde recolant, adversus haeresim Pelagianam iam
ante aliquot annos ista dicta esse atque conscripta, quae nunc eis displicere mirandum est. — Die Epistel an Paulinus ist die 186., nach der Mau=
riner Ausgabe der opp. s. Augustini. Vergl. dazu des Paulinus Brief an
Severus (ep. 30 p. 262 seqq. vol. XXVIII im corpus scriptor. ecclesiastic.
Vindobon. 1894). — Auguftins Brief an Sixtus ist der 194.

² Hilar. ep. ad Augustin. 3: Tunc voluisse hominibus apparere
Christum et apud eos praedicari doctrinam suam, quando sciebat et ubi
sciebat esse, qui in eum fuerant credituri.

³ De praedest. SS. c. 9. 10.

⁴ De dono persever. c. 11, 26: Unde (in libris de libero arbitrio)

Manichäer sagt nämlich Augustin: Selbst wenn es wahr wäre, daß die ignorantia und difficultas, ohne welche kein Mensch geboren und wovon man nur durch die Gnade Gottes befreit wird, nicht eine Strafe der Natur, sondern eine ursprüngliche Beschaffenheit derselben (primordia naturalia) sei, wäre die Lehre der Manichäer von zwei gleichewigen Naturen, des Guten und des Bösen, widerlegt und Gott deshalb nicht anzuklagen, sondern zu loben.[1] Aus dieser Annahme folgerten die Massilienser, daß Augustin damals über das Los der mit der Erbsünde behafteten und der davon befreiten Kleinen im Ungewissen gewesen sei, ja die Bestrafung resp. Beseligung derselben bezweifelt habe,[2] weshalb auch seine Ansicht über die Gnade im Verhältnis zum freien Willen eine andere als jetzt gewesen sei;[3] es lasse sich daher nicht folgern, weil den Kindern die Gnade unverdient zukomme, sei dies auch die Art und Weise der Erteilung der Gnade an Erwachsene (causam parvulorum ad exemplum maiorum non afferri). Augustin wundert sich über die Ablehnung seines Argumentes für die gratia non secundum meritum data durch die Massilienser, die doch gegenüber den Pelagianern die Lehre von der Erbsünde nicht bezweifeln, und entgegnet, daraus, daß selbst in dem von ihm angenommenen Falle die manichäische Behauptung von zwei koäternen Naturen falsch und Gott zu loben ist, folge doch nicht, daß die gegen die Pelagianer verteidigte Lehre der katholischen Kirche von der Erbsünde, deren Schuld (reatus) durch Geburt kontrahiert, durch Wiedergeburt getilgt wird, hinfällig werde,[4] wie er denn in jener Stelle der Schrift

---

isti nobis praescribendum putant. — Ibid. 12, 30: Frustra itaque mihi de illius libri mei vetustate praescribitur, ne agam causam sicut debeo agere parvulorum; et inde gratiam Dei non secundum merita hominum dari, perspicuae veritatis luce convincam.

[1] De lib. arbitr. III, 23. 30. — Retract. l. I, 9. — De dono persever. c. 11, 26.

[2] Hilarius, ep. ad Augustin. 8: Parvulorum autem causam ad exemplum maiorum non patiuntur afferri. Quam et tuam sanctitatem dicunt eatenus attigisse, ut incertum esse volueris, ac potius de eorum poenis malueris dubitari. Quod in libro tertio de libero arbitrio ita positum meministi, ut hanc eis occasionem potuerit exhibere.

[3] De dono persever. c. 11, 27; c. 12, 30. S. Anm. 4 S. 13. 14.

[4] De dono persever. c. 11, 27: Quamvis ergo in libro tertio de libero arbitrio ita de parvulis disputaverim, ut etiam si verum esset,

Die Anfänge des Semipelagianismus. 15

de libero arbitrio hinlänglich evident sich für die ignorantia et difficultas nicht als natürliche Beschaffenheit, sondern als Strafe ausgesprochen habe.[1] Ja, fügt Augustin bei, selbst wenn er in der von ihm als Laie begonnenen und als Presbyter vollendeten Schrift de libero arbitrio an der Bestrafung der nicht wiedergeborenen und an der Beseligung der wiedergeborenen Kinder gezweifelt hätte, dürfte man doch nicht annehmen, er sei in diesem Zweifel verharrt, da er in der Erkenntnis seit jener Zeit eine fortschreitende Entwicklung durchgemacht habe, woran ihn weder Ungerechtigkeit noch Neid hindern konnte, und könnte man ihm nicht den Vorwurf machen, er habe sich, um die Manichäer widerlegen zu können, über das jenseitige Los der Kleinen, mögen sie erbsündig oder wiedergeboren sein, zweifelhaft geäußert.[2]

quod dicunt Pelagiani, ignorantiam et difficultatem, sine quibus nullus homo nascitur, primordia, non supplicia esse naturae, vincerentur tamen Manichaei, qui volunt duas, boni scilicet et mali, coaeternas esse naturas: numquid ideo fides in dubium vocanda vel deserenda est, quam contra ipsos Pelagianos catholica defendit ecclesia, quae asserit originale esse peccatum, cuius reatus generatione contractus regeneratione solvendus est? Quod si et isti fatentur nobiscum, ut simul in hac causa Pelagianorum destruamus errorem; cur putant esse dubitandum, quod etiam parvulos Deus, quibus dat suam gratiam per baptismatis sacramentum, eruat de potestate tenebrarum, et transferat in regnum Filii caritatis suae (Col. 1, 3)? In eo ergo quod aliis eam dat, aliis non dat, cur nolunt cantare Domino misericordiam et iudicium (Ps. 100, 1)?

[1] Ibid. c. 12, 29: In tertio libro de libero arbitrio (c. 20 et 23) secundum utrumque sensum restiti Manichaeis, sive supplicia, sive primordia naturae sint ignorantia et difficultas, sine quibus nullus hominum nascitur; et tamen unum horum teneo, ibi quoque a me satis evidenter expressum, quod non sit ista natura instituti hominis, sed poena damnati.

[2] Ibid. c. 12, 30 (Fortsetzung der oben S. 13 Anm. 4 citierten Stelle): Si enim quando libros de libero arbitrio laicus coepi, et presbyter explicavi, adhuc de damnatione infantium non renascentium, et de renascentium liberatione dubitarem; nemo, ut opinor, esset tam iniustus atque invidus, qui me proficere prohiberet, atque in hac dubitatione remanendum mihi esse iudicaret. Cum vero rectius possit intelligi, non me propterea de hac re dubitasse credi oportere, quia contra quos mea dirigebatur intentio, sic mihi visi sunt refellendi, ut sive poena esset peccati originalis in parvulis, quod veritas habet; sive non esset, quod nonnulli errantes opinantur; nullo modo tamen quam Manichaeorum error inducit, duarum naturarum, boni scilicet et mali permixtio crederetur: absit ut

6.

Was die weitere Behauptung der Massilienser betrifft, daß ihre Lehre keine andere als die der früheren Väter sei, so begegnen wir bei diesen in der That dem Grundsatz: nostrum est incipere, Dei perficere. Hilarius Pictaviensis, Ambrosius, der Ambrosiaster, Hieronymus tragen ihn vor;[1] auch lassen sie die Präscienz um das Willensverhalten des Menschen der Prädestination vorausgehen.[2] Zwar hat jener Grundsatz bei manchen Vätern einen etwas andern Sinn, indem sie unter der perfectio, die Sache Gottes ist, die vollkommene, selbst von läßlicher Sünde und insbesondere von der unwillkürlichen rebellischen Regung der Sinnlichkeit wider den Geist freie Tugendhaftigkeit verstehen,[3] das dieser Vollkommenheit vorausgehende Laufen und Streben darnach aber nicht bloß als Sache des Willens, sondern zugleich der Gnade bezeichnen.[4] Allein selbst in dem

---

causam parvulorum sic relinquamus, ut esse nobis dicamus incertum, utrum in Christo regenerati, si moriantur parvuli, transeant in aeternam salutem, non regenerati autem transeant in mortem secundam; quoniam quod scriptum est Rom. 5, 12 ... aliter recte intelligi non potest: nec a morte perpetua, quae iustissime est retributa peccato, liberat quemquam pusillorum atque magnorum, nisi ille, qui propter remittenda et originalia et propria nostra peccata mortuus est, sine ullo suo originali propriove peccato.

[1] Die Belegstellen in meiner Schrift: Die christl. Lehre über das Verhältnis von Gnade u. Freiheit S. 508. 527. 578—580. 632. 702 ff.

[2] So Ambrosius a. a. O. S. 607 ff., der Ambrosiaster ebendaselbst S. 635 ff., Hieronymus S. 717 ff.

[3] Optatus Milevit. de schismat. Donatistar. II, 20: Est christiani hominis, quod bonum est, velle; et in eo, quod bene voluerit, currere: sed homini non est datum perficere; ut post spatia, quae debet homo implere, restet aliquid Deo, ubi deficienti succurrat: quia ipse solus est perfectio, et perfectus solus Dei filius Christus. Ceteri omnes semiperfecti sumus. Quia nostrum est velle, nostrum est currere, Dei perficere. — Ioann. Cassianus, de instit. XII, 13 seqq.

[4] Cassian. l. c. cap. 16: Non solum ipsam perfectionem oportet credere industria nos vel labore nostro possidere non posse, sed ne haec ipsa quidem, quae illius exercemus obtentu, id est labores conatusque nostros ac studia sine divinae protectionis auxilio inspirationisque eius et castigationis atque exhortationis gratia posse perficere, quam scilicet cordibus nostris vel per alium solet vel per semetipsum, nos visitans, clementer infundere.

hier in Betracht kommenden Sinne, wonach die menschliche Thätigkeit der göttlichen vorausgeht, läßt sich die These nostrum est incipere, Dei perficere, wie sehr der Wortlaut dafür zu sprechen scheint, nicht im semipelagianischen Interesse verwerten, und man kann nicht sagen, der Semipelagianismus sei nur die im Kampfe gegen Augustins neue Lehre geltend gemachte alte Anschauung der Kirche.[1] Diese die voraugustinische Doktrin mit dem Semipelagianismus identifizierende Auffassung übersieht, daß die betreffenden Väter die These nostrum est incipere, Dei perficere, sowie die damit zusammenhängende, wonach die Präscienz der Prädestination vorausgeht, in ganz anderer Beziehung als die nachherigen Semipelagianer aufgestellt und daher in wesentlich verschiedenem Sinne verstanden haben. Sie tragen dieselbe nämlich im Gegensatz zu dem Gnosticismus und Manichäismus vor, welche beide den Willen des Menschen im Thun des Guten (und Bösen) der Notwendigkeit unterwerfen, und sie wollen sonach mit jener Bestimmung lediglich die Freiheit des Willens als subjektives Princip der Sittlichkeit zur Geltung bringen und die Gnade als necessitierendes Princip verneinen. Dagegen sind sie weit entfernt, durch diese gegensätzliche Bestimmung die Gnade als zuvorkommende zu leugnen und den Anfang der Heilsthätigkeit in den Willen zu verlegen. So wenig ist dies der Fall, daß vielmehr dieselben Väter, welche lehren, nostrum est incipere u. s. w., die anfangende Heilsthätigkeit des Willens auf Gottes Gnade zurückführen. So wird nach Ambrosius der Wille des Menschen von Gott zubereitet,[2] und beruft Gott diejenigen, welche er würdigt, und macht er religiös, wen er will.[3] Und Hieronymus lehrt, daß nicht allein unsere Werke, sondern auch unser Wille sich auf den göttlichen Beistand stütze.[4]

---

[1] Harnack, D. G. III, 1890. S. 219.
[2] Expositio Evangel. secund. Lucam. I, 10.
[3] Ibid. VII, 27. — Diesen Begriff der zuvorkommenden Gnade bei Ambrosius hebt Augustin besonders hervor; auf expositio Evang. sec. Luc. II, 84 sich berufend: nemo potest aedificare sine Domino, nemo custodire sine Domino, nemo quidquam incipere sine Domino, sagt er gegen die Pelagianer de gr. Christi c. 44: Videtis, quemadmodum sanctus Ambrosius etiam illud, quod solent homines dicere ,Nos incipimus et Deus perficit', his verbis abstulit dicens: Neminem quidquam vel incipere sine Deo.

[4] Comment. in Ies. l. V, 24.

Dieselbe Verhältnisbestimmung der Gnade zum Willen findet sich beim Ambrosiaster.[1]

Ganz anders die Semipelagianer. Sie fassen die bei den voraugustinischen Vätern vorfindliche relative Verhältnisbestimmung abstrakt auf und behaupten, der Wille für sich sei im stande und habe die Aufgabe, die auf das Heil gehende Wirksamkeit von sich aus zu beginnen; sie sehen sonach diese Willensthätigkeit als eine rein natürliche an und leugnen die Notwendigkeit der Gnade für den Heilsanfang. In der Bestimmung dessen, was am subjektiven Prozesse der Aneignung resp. Zueignung des Heiles dem Willen und der Gnade eignet, verfuhren demnach die Semipelagianer teilend, indem sie den Anfang desselben, nämlich den Glauben, dem Willen allein, die Vollendung aber der Gnade zuschrieben. In diesem Sinne genommen ist die These ein Irrtum, wie Augustin mit Recht entgegnete, weil das Heilswerk in seiner Totalität Werk des Willens und der Gnade, also wie ganz Werk des Willens, so auch ganz Werk der Gnade ist.[2]

Übrigens stellt Augustin nicht in Abrede, daß manche katholische Schriftsteller aus der Zeit vor der pelagianischen Häresie sich über die Gnade nicht genau aussprechen. Der Grund hiervon sei, daß damals noch kein häretischer Gegensatz vorlag, der ihnen die Not-

---

[1] S. hierüber meine Schrift: Die christl. Lehre u. s. w. S. 641. — Über Ambrosius ibid. S. 574 ff., über Hieronymus ibid. S. 708. — Vergl. hierzu auch meine Schrift: Der Pelagianismus, S. 165—176. — Kuhn, Dogmatik 2. A. I. 2. S. 1000 ff.

[2] De don. persever. c. 6, 12 sagt Augustin mit Bezug auf die Bitte in der oratio dominica, Ne nos inferas in tentationem: Tutiores igitur vivimus, si totum Deo damus. Non autem nos illi ex parte et nobis ex parte committimus. — Daß das Heil aber ganz auch Sache des Willens ist, lehrt er in retract. I, 23, 3: Utrumque (credere et bonum operari) nostrum est propter arbitrium voluntatis, et utrumque tamen datum est per spiritum fidei et caritatis. — Ibid.: Utrumque (sc. credere et velle = operari) ipsius (Dei) est, quia praeparat voluntatem, et utrumque nostrum est, quia uon fit nisi volentibus nobis. — Conf. de praedest. SS. c. 3, 7. — De dono perseuer. c. 13 u. 19. — Ebenso Bernhard von Clairvaux im Tractat. de gr. et lib. arbitrio (Opp. tom. 2. Venet. 1596, p. 154): Non partim gratia, partim liberum arbitrium, sed totum singula opere individuo peragunt. Totum quidem hoc, et totum ex illa: sed ut totum in illo, sic totum ex illa.

Die Anfänge des Semipelagianismus.

wendigkeit auferlegte, sich über den obschwebenden Lehrpunkt präcise und erschöpfend zu äußern, was sie indessen jedenfalls gethan haben würden, wenn sie dazu Veranlassung gehabt hätten. Nur kurz und leichthin berührten sie daher diese Frage. Unter diesen Verhältnissen sei eine nähere Durchforschung der Schriften früherer katholischer Autoren, welche die Massilienser, wenn sie der Lehre von der gratia gratuita zustimmen sollten, verlangen, nicht notwendig.[1] Doch macht

[1] De praedest. SS. c. 14, 27: Si huius ergo sententiae (sc. gratiam Dei non secundum merita nostra dari, et gratis dari cui datur) defensionem ex divinorum eloquiorum nos praecedentibus catholicis tractatoribus promerem; profecto hi fratres, pro quibus nunc agimus, adquiescerent, hoc enim significastis litteris vestris. Quid igitur opus est, ut eorum scrutemur opuscula, qui, priusquam ista haeresis oriretur, non habuerunt necessitatem, in hac difficili ad solvendum quaestione versari: quod procul dubio facerent, si respondere talibus cogerentur? Unde factum est, ut de gratia Dei quid sentirent, breviter quibusdam scriptorum suorum locis et transeunter attingerent; immorarentur vero in eis, quae adversus alios inimicos Ecclesiae disputabant et in exhortationibus ad quasque virtutes, quibus Deo vivo et vero pro adipiscenda vita aeterna et vera felicitate servitur. Frequentationibus autem orationum simpliciter apparebat Dei gratia quid valeret; non enim poscerentur a Deo, quae praecepit fieri, nisi ab illo donaretur, ut fierent. — De dono persever. c. 20, 53: Haec est praedestinatio manifesta et certa sanctorum: quam postea diligentius et operosius, cum iam contra Pelagianos disputaremus, defendere necessitas compulit. Didicimus enim singulas quasque haereses intulisse Ecclesiae proprias quaestiones: contra quas diligentius defenderetur scriptura divina, quam si nulla talis necessitas cogeret. Quid autem coegit loca scripturarum, quibus praedestinatio commendata est copiosius et enucleatius isto nostro labore defendi, nisi quod Pelagiani dicunt: Gratiam Dei secundum merita nostra dari: quod quid est aliud, quam gratiae omnino negatio? — Den Grundsatz, daß die genauere Entwicklung einer Lehre durch den geschichtlich wider sie hervorgetretenen Gegensatz veranlaßt werde, hat Augustin auch bezüglich anderer dogmatischer Lehren geltend gemacht. So sagt er in Ps. 54 n. 22: Numquid perfecte de trinitate tractatum est, antequam oblatrarent Ariani? Numquid perfecte de poenitentia tractatum est, antequam obsisterent Novatiani? Sic non perfecte de baptismate tractatum est, antequam contradicerent foris positi rebaptizatores. — Ebenso andere Kpp. Hieronymus Apolog. 2 contra Rufinum: Certe antequam in Alexandria quasi daemonium meridianum Arius nasceretur, innocenter quaedam et minus caute

Auguſtin hervorragende Autoritäten namhaft, die lange vor ihm den wider die Pelagianer verteidigten Begriff der gratia gratuita ausdrücklich lehren. Cyprian ſage nicht bloß, daß wir uns in nichts rühmen dürfen, da nichts unſer ſei,[1] ſondern lehre die Nichtverdienſtlichkeit der Gnade mit ſolcher Klarheit, daß die Pelagianer, dieſe Feinde der Gnade, lange vor ihrem geſchichtlichen Auftreten widerlegt erſcheinen.[2] Denſelben Gnadenbegriff lehre auch Ambroſius,[3] und nach Gregorius von Nazianz ſei unſer Glaube an Gott und das Bekenntnis unſeres Glaubens ein Geſchenk Gottes.[4] Hiernach konnte Auguſtin mit Fug und Recht ſagen, über die Gnade lehre er jetzt, was vor ihm alle gelehrt hätten.[5]

---

locuti sunt et quae non possint perversorum hominum calumniam declinare. — Conf. Vincent. Lerin. commonitor. c. 27.

[1] S. oben S. 12.

[2] De dono persever. c. 2, 4: Tria sunt, quae maxime adversus Pelagianos catholica defendit ecclesia. Quorum est unum, gratiam Dei non secundum merita nostra dari, quoniam Dei dona sunt, et Dei gratia etiam conferuntur merita universa iustorum. Alterum est, in quantacumque iustitia sine qualibuscumque peccatis in hoc corruptibili corpore neminem vivere. Tertium est, obnoxium nasci hominem peccato primi hominis, et vinculo damnationis obstrictum, nisi reatus, qui generatione contrahitur, regeneratione solvatur. Horum trium hoc, quod loco ultimo posui, solum non tractatur in supradicto gloriosi martyris libro (de dominica oratione). De duobus vero ceteris tanta illic perspicuitate disseritur, ut supradicti haeretici novi, inimici gratiae Christi, longe ante reperiantur convicti esse quam nati.

[3] S. oben S. 16. Zu den dort aus der Erklärung zu Lukas citierten Stellen kommen noch ſolche aus der Schrift de fuga saeculi, c. 1. — S. Aug. de dono persev. c. 8, 20. 19, 48.

[4] De dono persever. c. 19, 49: Sed his duobus, qui sufficere debuerunt, sanctum Gregorium addamus et tertium, qui et credere in Deum et quod credimus confiteri, Dei donum esse testatur, dicens (orat. 44 in Pentecost.): Unius Deitatis, quaeso vos, confitemini Trinitatem. Si vero aliter vultis, dicite unius esse naturae, et Deus vocem dari vobis a s. Spiritu deprecabitur: id est, rogabitur Deus, ut permittat vobis dari vocem, qua quod creditis, confiteri possitis. Dabit enim, certus sum, qui dedit quod primum est, dabit et quod secundum est; qui dedit credere, dabit et confiteri.

[5] Ibid. c. 25, 55 (Fortſetzung der oben S. 5 Anm. 2 citierten Stelle): Sed ita haec nunc dixi, ut non ante me nemo dixerit.

Dem Einwand der Massilienser, daß seine Gnadenlehre im
Widerspruch mit dem sensus Ecclesiasticus stehe,¹ begegnet Augustin
mit dem Hinweis auf die Gebete der Kirche für die Ungläubigen und
die Feinde des Glaubens. In diesen von jeher stattfindenden Gebeten
sei die Kirche geboren, wachse sie auf und sei sie aufgewachsen, daher
auch in dem ihnen zu Grunde liegenden und zum Ausdruck kommenden
Glauben, daß die Gnade nicht nach vorangehendem Verdienst ihrer
Empfänger erteilt werde.² Auf diese ihre täglichen Gebete, daß Gott
die Ungläubigen zum Glauben bekehren möge, nicht aber auf mühsame
Untersuchungen stütze sich die Kirche für ihre Lehre.³ Endlich berief
sich Augustin auf die afrikanischen Konzilien, auf denen im Einver=
nehmen mit den PP. Innocenz und Zosimus die These von der
gratia secundum meritum data als unkirchlich verworfen wurde.⁴
Wiederholt hebt Augustin hervor, daß Pelagius selber diejenigen, die
so von der Gnade lehrten, auf der orientalischen Synode zu Dios=
polis, freilich nicht aus Liebe zur Wahrheit, sondern aus Furcht vor
Verurtheilung mit dem Anathem belegt habe.⁵

7.

Ist hiernach die voraugustinische Lehre der Kirche von der Gnade
nicht identisch mit der späteren semipelagianischen, läßt sich diese nicht

---

¹ Ep. Prosperi ad Augustin. 2.
² De dono persever. c. 23, 63: Utinam . . . magis intuerentur orationes suas, quas semper habuit et habebit Ecclesia ab exordiis suis, donec
finiatur hoc saeculum . . . Sicut ergo in his orationibus, ita et in hac fide
nata est, et crescit, et crevit Ecclesia, qua fide creditur, gratiam Dei non
secundum merita accipientium dari.
³ Ibid. c. 7, 15: Propter quod et posci a se voluit, ne inferamur
in tentationem; quia si non inferamur, nulla ab eo ratione discedimus.
Quod poterat nobis etiam non orantibus dari, sed oratione nostra nos
voluit admoneri, a quo accipiamus haec beneficia. A quo enim nisi ab
illo accipimus, a quo iussum est ut petamus? Prorsus in hac re non ope-
rosas disputationes exspectet Ecclesia, sed adtendat quotidianas orationes
suas. Orat, ut increduli credant; Deus ergo convertit eos ad fidem. Orat,
ut credentes perseverent; Deus ergo donat perseverantiam usque in finem.
⁴ Ep. ad abbat. Valentin. 2.
⁵ De praedest. SS. c. 2, 3. De dono persever. c. 12, 31. 21, 54.
S. hierüber meine Schrift: Der Pelagianismus S. 125. 126.

auf jene zurückführen, so kann die semipelagianische Bewegung nur von einer bestimmten Persönlichkeit ausgegangen sein. Weder Prosper noch Hilarius erwähnt eine solche in dem Briefe an Augustin. Prosper redet allgemein von zahlreichen Mönchen als Anhängern dieser Lehre,[1] und noch allgemeiner spricht sich Hilarius aus.[2] In der Beantwortung der aufgeworfenen Frage sind wir daher auf die Namen solcher angewiesen, die als Anhänger dieser theologischen Lehrmeinung erwähnt werden, und von denen wir hierher gehörige Schriften aus der Zeit der beginnenden Opposition besitzen. Als solche können nur Vitalis und Johannes Cassian in Betracht kommen.

Was Vitalis betrifft, so teilt Augustin in seinem (um das J. 427 geschriebenen) Briefe an ihn Fragmente mit,[3] in denen dem Willen die Priorität vor der Gnade im Heilsprozesse zugewiesen wird; ob dieselben aber einer Schrift des Vitalis entnommen sind, ist nicht ersichtlich. Auch das Zeitverhältnis spricht nicht zu Gunsten Vitalis' als Urhebers der semipelagianischen Denkweise. Zwar könnte es scheinen, als ob er mit ihr früher als Cassian hervorgetreten sei, weil dieser in der XIII. seiner Collationen die von Augustin in seinem Briefe an Vitalis aufgestellten charitologischen Thesen bekämpft und die entgegengesetzten verteidigt. Wenn nämlich nach Augustin so viele nicht selig werden, nicht weil sie nicht wollen, sondern weil Gott nicht will,[4] so entgegnet Cassian, daß, wer nicht selig wird, es gegen den Willen Gottes nicht werde.[5] Die von Augustin gestellte Frage bezüglich des Verhältnisses zwischen Gnade und freiem Willen, ob die

---

[1] Ep. ad Augustin. 2: Multi servorum Christi, qui in Massiliensi urbe consistunt etc.

[2] Ep. ad Augustin. 2: Haec sunt itaque, quae Massiliae vel aliis etiam locis in Gallia ventilantur.

[3] Cap. 1 u. 2.

[4] Ep. ad Vital. c. 6: Eos, qui huic resistunt tam perspicuae veritati, non intelligere omnino, qua loquutione sit dictum, quod omnes homines vult Deus salvos fieri, cum tam multi salvi non fiant, non quia ipsi, sed quia Deus non vult, quod sine ulla caligine manifestatur in parvulis.

[5] Collat. XIII, 7: Qui enim pereat unus ex pusillis non habet voluntatem (Matth. 18, 14), quomodo sine ingenti sacrilegio putandus est non universaliter omnes, sed quosdam salvos fieri velle pro omnibus? ergo quicunque pereunt, contra illius pereunt voluntatem.

Gnade dem Willen vorangehe oder nachfolge, ob also die Gnade uns erteilt werde, weil wir wollen, oder ob auch dies, daß wir wollen, Gott durch die Gnade bewirke,[1] findet sich bei Cassian wörtlich reproduziert.[2] Allein gleichwohl fällt der Ursprung der Cassianschen Lehre, wie wir nachher sehen werden, in eine frühere Zeit. Daß Vitalis nicht der Urheber des Semipelagianismus sein kann, ergiebt sich auch aus Folgendem. Er tritt mit seiner Lehre nur als einer vereinzelten Erscheinung auf; wir wissen weder, daß er mit derselben in der Kirche zu Karthago Anklang gefunden, noch daß sie der Ausdruck einer verbreiteteren Überzeugung gewesen sei, so daß er wenigstens als Vertreter derselben gelten könnte.

In ernstliche Frage kann daher allein C a s s i a n kommen. Doch auch die Annahme, daß er Urheber des Semipelagianismus sei, und daher mit ihm die geschichtliche Darstellung dieser Irrlehre zu beginnen habe, ist strittig, indem man sie abhängig macht von der Abfassungszeit der Collationen, insbesondere der z w e i t e n Abteilung derselben (XI—XVIII), worunter gerade jene ist (XIII de protectione Dei), auf die man sich für Cassians Semipelagianismus beruft: nur wenn dieselbe vor und nicht nach Prospers und Hilarius' Epistel an Augustin (a. 428 oder 429) geschrieben seien, könne Cassian der Vater des Semipelagianismus sein. Allein die semipelagianische Denkweise tritt nicht erst in den Collationen auf, sie findet sich schon in Cassians erster Schrift de institutis coenobiorum, wo der Grundsatz aufgestellt wird, daß der Gnade, obwohl sie nicht nach Verdienst erteilt werde, das selbsteigene Verlangen und Suchen nach ihr und das Anklopfen des Willens bei ihr vorausgehe.[3] Gefffkens

---

[1] Ep. ad Vital. 5, 12: ... inter nos agitur de Dei gratia quaestio, utrum praecedat haec gratia, an subsequatur hominis voluntatem, hoc est, ut planius id eloquar, utrum ideo nobis detur, quia volumus, an per ipsam Deus etiam hoc efficiat, ut velimus.

[2] Collat. XIII, 11: Et ita sunt haec quodammodo indiscrete permixta atque confusa, ut quid ex quo pendeat inter multos magna quaestione volvatur, id est, utrum quia initium bonae voluntatis praebuerimus, misereatur nostri Deus, an quia Deus misereatur, consequamur bonae voluntatis initium.

[3] De instit. XII, 14: Dicimus, secundum salvatoris sententiam dari quidem p e t e n t i b u s, aperiri p u l s a n t i b u s et a q u a e r e n t i b u s inveniri, sed petitionem et inquisitionem et pulsationem n o s t r a m non esse

Bemerkung, wenn die Collationen XI—XVII mehrere Jahre vor Prospers und Hilarius' Briefen an Augustin veröffentlicht seien, werde man über die Frage, ob Cassian der Urheber des Semipelagianismus sei oder nicht, ganz anders entscheiden müssen, als wenn sie erst nach diesen Briefen an die Öffentlichkeit gelangten, ist daher ohne Belang. Treten wir gleichwohl in diese einmal angeregte Kontroverse ein.

Von den Schriften Cassians ist jene de institutis zuerst veröffentlicht, wie wir aus der Vorrede zur ersten Abteilung der Collationen wissen, wo der Verfasser erwähnt, daß er dieselbe auf Wunsch des Bischofs Castor von Apta Julia veröffentlicht habe.[1] Da nun nach der Präfatio zur zweiten Abteilung der Collationen sowie nach IX, 1 Castor gestorben ist, sein Tod aber nach den Bollandisten am 2. September 420 erfolgte,[2] ist die Schrift de institutis entweder in diesem Jahre oder schon im Jahre 419 erschienen, der erste Teil der Collationen aber (I—X) nach dem Jahre 420 in die Öffentlichkeit gekommen.

Fragen wir, um uns der oben erwähnten Kontroverse zuzuwenden, nach der Abfassungszeit der zweiten Abteilung der Collationen (XI—XVIII), so beruft sich Wiggers[3] auf die Überschrift der Vorrede: ad Honoratum episcopum et Eucherium, und argumentiert: da Honoratus erst, nachdem im Jahre 426 der Bischof Patroklus zu Arles, dem Chronikon des Prosper zufolge, den Märtyrertod erlitten hatte, Bischof geworden, so könne die Vorrede erst nach dem Jahre 426 geschrieben sein. Allein erwähnte Aufschrift rührt, wie schon Geffken entgegnet hat, wohl von einem Abschreiber her, der sie beifügte, nachdem Honoratus Bischof geworden war, und auch die neueste kritische Wiener Ausgabe der opera Cassiani enthält dieselbe nicht. Wäre Honoratus zur Zeit der Veröffentlichung des

---

condignam, nisi misericordia Dei id quod petimus dederit vel aperuerit quod pulsamus vel illud quod quaerimus fecerit inveniri; praesto est namque, occasione sibi tantummodo a nobis bonae voluntatis oblata, ad haec omnia conferenda; amplius enim ille quam nos perfectionem salutemque nostram desiderat et expectat.

[1] Vergl. auch Collat. XX, 2: Quae (sc. praecepta) in quarto ut diximus institutionum libro quanta potui brevitate complexus sum.
[2] S. Freiburger Kirchenlexikon. 2. A. 2. Bd. Art. Castor. S. 2033. 2034.
[3] A. a. O. S. 33. 34.

zweiten Teiles der Collationen schon Bischof gewesen, so würde er
ihn im Texte nicht einfach frater (o sancti fratres Honorate et
Eucheri), sondern Bischof genannt haben, wie er es in der Präfatio
zur dritten Abteilung der Collationen thut. Hiernach wäre der in
Frage stehende zweite Teil der Collationen vor dem Jahre 426 verfaßt
und fiele seine Publikation noch in dieses Jahr oder nicht viel später.
Dieser Zeitbestimmung stimmt auch der neueste Editor der opera
Cassiani, Petschenig, zu; wenigstens, bemerkt er beschränkend, sei
der zweite Teil vor dem Jahre 426 begonnen.[1]

In betreff der dritten Abteilung (collat. XVIII—XXIV) wird
gesagt, sie sei bald nach der zweiten verfaßt worden. Da nämlich
Honoratus in der Vorrede beatus episcopus genannt werde, zum
Bischofe aber im Jahre 426 erwählt worden und der Beisatz beatus
ein epitheton ornans sei, falle die Abfassungszeit dieses Teils ins
Jahr 426 oder etwas später. Demnach wäre das ganze Werk der
Collationen schon zwei oder drei Jahre vor den an Augustin gerichteten
Briefen Prospers und Hilarius' fertig vorgelegen.[2]

Dieser auf äußere geschichtliche Daten sich stützenden Ansicht steht
eine andere von Wiggers vertretene gegenüber, wonach erwähnter
zweiter Teil der Collationen nicht vor dem Jahre 428, aber auch
nicht nach dem Jahre 432, ja vielleicht gleichzeitig mit Prospers
Epistel an Augustin (a. 428 oder 429) geschrieben sei.[3] An dieser
Zeitbestimmung hält Wiggers trotz Gefkens Widerspruch fest.[4]

Dafür, daß fragliche Collationen nicht vor dem Jahre 426 ge=
schrieben sind, spricht Folgendes. Aus Prospers und Hilarius' Epistel
an Augustin wissen wir, daß der Widerspruch der Massilienser gegen
Augustins Lehre sich anfangs bloß auf seine partikuläre Prädestinations=
lehre (de vocatione electorum secundum Dei propositum) bezog,
wie er sie in den bis zum Jahre 426 reichenden antipelagianischen

---

[1] Corpus scriptor. ecclesiasticor. latinor. Vol. XVII. pars I. Proleg.
p. XI. XII.

[2] Geffken, Historia Semipelagianismi antiquissima. Gotting. 1826.
p. 6—10.

[3] Wiggers, De Joanne Cassiano etc. Rostochii 1824. 1825 (3 Pro=
gramme).

[4] Wiggers, Versuch einer pragmat. Darstellung des Semipelagianismus.
Hamb. 1833. S. 32 ff.

Schriften darlegte; erst seit der von Augustin im Jahre 426 oder 427 veröffentlichten Schrift de correptione et gratia haben sich die Massilienser über ihre weiteren Lehren, worunter sich gerade jene befinden, die sich als semipelagianische charakterisieren, bestimmter ausgesprochen. Bei den Angaben dieser Lehren erwähnt nun Prosper die Collationen Cassians mit keinem Worte, offenbar weil sie noch nicht veröffentlicht waren. Man sieht keinen Grund ein, warum Prosper sie nicht namhaft gemacht haben sollte, nachdem sie schon publiziert waren; scheute er sich doch nicht, nachdem sie erschienen waren, contra collatorem aufzutreten.

Zwar erwähnt Prosper in dem ums Jahr 429, also noch zu Lebzeiten Augustins, an Rufin gerichteten Brief „Collationen", denen gegenüber er Augustin verteidige.[1] Die Mauriner,[2] desgleichen Natalis Alexander,[3] verstehen darunter Cassians Schrift; Wiggers dagegen hält diese Collationen, wie sich aus dem ganzen Zusammenhang ergebe, für mündliche Unterredungen. Daß zu dieser Zeit die Collationen der zweiten Abteilung noch nicht schriftlich vorlagen, scheint auch aus der in demselben Briefe von Prosper an die Gegner Augustins gerichteten Frage hervorzugehen: Wenn Augustins Gnadenlehre euch so gefährlich und schädlich erscheint, warum greift ihr ihn nicht mit einigen Schriften an?[4] Übrigens selbst wenn unter obigen Collationen Cassians Schrift zu verstehen wäre, würde daraus keineswegs folgen, daß sie schon vor dem Jahre 426 veröffentlicht war, der Schluß auf das Jahr 429 oder 428 wäre vielmehr zulässig.

Insbesondere sprechen aber innere Gründe dafür, daß die in Frage stehenden Collationen erst nach dem Jahre 426 oder 427 verfaßt

---

[1] C. 4: Volentes enim in sua iustitia magis quam in Dei gratia gloriari, moleste ferunt, quod his, quae adversum excellentissimae auctoritatis virum inter multas collationes asseruere, resistimus.

[2] Augustini Opp. t. X append. p. 165 Anm. a: Collationes intelligit, a Ioanne Cassiano presbytero editas anno fere 426.

[3] H. E. ed. Roncaglia. Luc. 1734. Tom. V. p. 154.

[4] C. 3: Quae (sc. daß Augustins Gnadenlehre manichäisierend sei) si vera sunt, cur ipsi tam negligentes, ne dicam, tam impii sunt, ut tam abruptam perniciem ab Ecclesia non repellant, tam insanis praedicationibus non resistant, nec saltem aliquibus scriptis eum, a quo talis emanat doctrina, conveniant?

sind. Sie enthalten nämlich Lehrsätze mit offenbarer Beziehung auf die entgegenstehenden Augustinischen in der (426 oder 427 veröffentlichten) Schrift de correptione et gratia, haben sonach diese zur zeitlichen Voraussetzung. Wenn es hier heißt, daß diejenigen, welche eine Zeitlang fromm leben, nachher aber wiederum der Sünde verfallen und sich nicht bekehren, bevor sie aus dem Leben scheiden, nicht in der Zahl der Prädestinierten sich befinden,[1] so behauptet Cassian augenscheinlich entgegnend, daß auch Judas, zur Zeit da er vom Herrn zum Apostel erwählt worden, in numero praedestinatorum gewesen.[2] Lehrt Augustin, daß der freie Wille ohne Gnade zur Sünde hinreiche, zum Guten aber zu schwach sei,[3] so warnt Cassian davor, alle Verdienste der Heiligen so auf den Herrn zu beziehen, daß wir nur das, was böse und verkehrt ist, der menschlichen Natur zuschreiben.[4]

Auch aus der Epistel des Hilarius, die zu gleicher Zeit mit jener des Prosper geschrieben ist, läßt sich nachweisen, daß die Collationen Cassians nicht schon im Jahre 426, sondern erst nach demselben, ja nach dem Jahre 427 verfaßt sein können. Wie Prosper, so erwähnt auch Hilarius derselben nicht, worauf er doch jedenfalls bei Mitteilung der Lehrbestimmungen der Massilienser ausdrückliche Rücksicht genommen

---

[1] De corrept. et gr. c. 9, 20: Et sunt rursus quidam, qui filii Dei propter susceptam vel temporaliter gratiam dicuntur a nobis, nec sunt tamen Deo. — Fuerunt ergo isti ex multitudine vocatorum; ex electorum autem paucitate non fuerunt.

[2] Collat. XVII, 25: Non est ambigendum, etiam Iudae nomen illo tempore, quo electus a Christo apostolatus sortitus est gradum, in libro viventium fuisse conscriptum ac pariter eum audisse (Luc. 10, 20): ... gaudete autem quia nomina vestra scripta sunt in coelis.

[3] De corrept. et gr. c. 11, 31: Liberum arbitrium ad malum sufficit, ad bonum autem parum est, nisi adiuvetur ab omnipotenti bono. — Conf. Enchirid. c. 12: Cum libero peccaretur arbitrio, victore peccato amissum est liberum arbitrium.

[4] Collat. XIII, 12: Denique (Dominus) ut possibilitatem boni eis inesse signaret, increpans Pharisaeos quid autem, inquit, etiam ex vobis ipsis non iudicatis quod iustum est? quod utique non eis dixisset, nisi eos iudicio naturali id quod aequum est scisset posse discernere. Unde cavendum nobis est, ne ita ad Dominum omnia sanctorum merita referamus, ut nihil nisi id quod malum atque perversum est humanae adscribamus naturae.

hätte, wenn sie der Öffentlichkeit bereits vorlagen. Dagegen berichtet er uns von Lehrsätzen der Massilienser, die sich unleugbar auf Augustins Schrift de gr. et lib. arbitr. im Jahre 426 und de corr. et gr. im Jahre 427 beziehen und diese sonach zeitlich voraussetzen. Bezüglich der Prädestination lehrt Augustin, die Zahl der Auserwählten sei eine ganz bestimmte und feste und daher weder einer Mehrung noch Minderung fähige.[1] Die Massilienser verneinen diesen definitus numerus und behaupten die Prädestination aller überhaupt.[2] Den Hadrumetinern gegenüber lehrt Augustin die Nützlichkeit der Zurechtweisung, indem der durch sie hervorgerufene Schmerz den Betreffenden zu größerer Gebetsgeneigtheit anrege.[3] Die Massilienser dagegen erklären die Zurechtweisung vom Augustinischen Standpunkt für durchaus unnütz: sei die Prädestination eine von vornherein partikuläre, und hebe sie als solche die Wahlfreiheit des Willens auf, so sei ja im Menschen nichts zurückgeblieben, das von der Zurechtweisung vermöchte angeregt zu werden, d. h. könne die Zurechtweisung ihren Zweck, der in Besserung besteht, nicht erreichen.[4] Augustin hatte ferner zwischen der dem ersten Menschen vor der Sünde zur Verharrung im Guten notwendigen Gnade und der jetzt den Prädestinierten zu gleichem Zwecke erforder-

[1] De corrept. et gr. c. 13, 39: Certum esse numerum electorum, neque augendum, neque minuendum. — Ibid. 42: Hi, qui non pertinent ad istum certissimum, et felicissimum numerum, pro meritis iustissime iudicantur.

[2] Ep. Hilarii ad Augustin. 7: Et illud pariter non accipiunt, ut eligendorum reiiciendorumque esse definitum numerum velint: atque illius sententiae expositionem, non eam, quae a te est deprompta (de corrept. et gr. c. 14, 44), suscipiant; id est, ut nonnisi omnes homines salvos fieri velit, et non eos tantum, qui ad sanctorum numerum pertinebunt; sed omnes omnino, ut nullus habeatur exceptus.

[3] De corrept. et gr. c. 5, 7: Dolor quippe ille, quo sibi displicet, quando sentit correptionis aculeum, excitat eum in maioris orationis affectum. . . . Haec est correptionis utilitas.

[4] Ep. Hilarii, 5: Asserunt inutilem exhortandi consuetudinem, si nihil in homine remansisse dicatur, quod correptio valeat excitare: quod quidem inesse naturae sic se dicere confitentur, ut hoc ipso quod ignoranti veritas praedicatur, ad beneficium praesentis gratiae referendum sit. Nam si sic praedestinati sunt, inquiunt, ad utramque partem, ut de aliis ad alios nullus possit accedere, quo pertinet tanta extrinsecus correptionis instantia?

lichen Gnade unterschieden und die erstere als gratia sine qua non, letztere als gratia qua oder auxilium quo fit bezeichnet. Diesen von dem Kirchenvater in der Schrift de correptione et gratia gemachten Unterschied[1] leugneten die Massilienser, weil der Begriff der Gnade als auxilium quo fit unverträglich mit der Willensfreiheit sei und sowohl den Menschen, dem sie zu teil wird, als jenen, dem sie verweigert ist, dort im Thun des Guten, hier im Nichtthun desselben resp. im Sündigen der Notwendigkeit unterwerfe.[2] Zum Beweise dafür, daß die dem erwachsenen, persönlichen Menschen erteilte Gnade nicht ein vorangehendes Verdienst seines Willens voraussetze, hatte sich Augustin auf das Beispiel der Unmündigen berufen, welche noch keinen Willen haben, wenn ihnen die Gnade zu teil werde; ja so wenig könne bei ihnen von irgend einem vorausgehenden Willensverdienst die Rede sein, daß bisweilen Kinder gläubiger Eltern die Taufgnade nicht erlangen und wegsterben, während das Sakrament bisweilen Kindern ungläubiger Eltern zu teil werde.[3] Die Massilienser ließen dies nicht gelten, sie entgegneten: Parvulorum causam ad exemplum maiorum non patiuntur afferri.[4]

Mit vorstehender Bestimmung der Abfassungszeit der zweiten Abteilung der Collationen ist auch jene der dritten Abteilung gegeben: die Collationen XVIII—XXIV sind nach dem Jahre 429

---

[1] De corrept. et gr. c. 11. 12.

[2] Hilarius, ep. ad Aug. 6: In hoc solo volunt a primo homine omnium distare naturam, ut illum integris viribus voluntatis iuvaret gratia volentem, sine qua perseverare non poterat, hos autem (sc. per gratiam liberandos) amissis et perditis viribus credentes tantum, non solum erigat prostratos, verum etiam suffulciat ambulantes. Ceterum quicquid libet donatum sit praedestinatis, id posse et amittere et retinere propria voluntate, contendunt. Quod tunc falsum esset, si verum putarent, eam quosdam perseverantiam percepisse, ut nisi perseverantes esse non possint.

[3] De gr. et liber..arbitr. c. 22, 44.

[4] Hilarius, ep. ad Augustin. 8. Daß diese Entgegnung sich auf die Schrift de gr. et lib. arb. bezieht und sonach diese zeitlich voraussetzt, ergiebt sich auch daraus, daß Hilarius Augustin um Zusendung derselben ersucht. 10: Librum de gratia et libero arbitrio non habemus: superest, ut eum, quia utilem quaestioni confidimus, mereamur accipere. — Von den Retraktationen waren die zwei ersten Bücher bereits vollendet, aber noch nicht in Prospers und Hilarius' Händen. De praedest. SS. c. 3, 7.

verfaßt und veröffentlicht. Wenn daher Cassian Honoratus B. v. Arelate in der praefatio »beatus« nennt, so versteht er diesen Ausdruck im Sinne von „selig", wie denn in der That Honoratus im Jahre 429 gestorben ist.[1]

Fragt man nun, welche von beiden Ansichten anzunehmen sei, ob die zuerst erwähnte, welche sämtliche Collationen schon im Jahre 426 fertig sein läßt, oder die andere, wonach die zweite Abteilung nicht vor 428 und die dritte Abteilung erst nach dem Jahre 429 verfaßt ist, so dürfte nach unserm Dafürhalten die letztere den Vorzug verdienen, da die für die spätere Abfassungszeit beigebrachten inneren Gründe sich weniger als die für die erstere Behauptung angegebenen äußeren Daten anzweifeln und anfechten lassen.

Mag man sich nun auch für die letztere Zeitbestimmung entscheiden, so ist keineswegs ausgeschlossen, daß Cassian der Vater des Semipelagianismus ist, und wird er nicht zum bloßen Vertreter desselben, da diese Denkweise über das Verhältnis der Gnade zum freien Willen, wie bereits bemerkt, nicht erst in den Collationen sich vorfindet. Und selbst wenn dieses der Fall wäre, würde die Autorschaft Cassians nicht in Frage gestellt. Denn was er in Schriften niederlegte, wird er wohl zuvor in mündlichen Gesprächen mit seinen Klostergenossen erörtert haben.[2] Nichts hindert daher, mit ihm die geschichtliche Darstellung des Semipelagianismus zu beginnen.

---

[1] Cassian gebraucht den Ausdruck beatus nicht bloß als epitheton ornans von einem Lebenden, wie Geffken a. a. O. S. IX. X meint, sondern auch von einem Verstorbenen im Sinne von „selig". So Collat. I, 5. 6. 10. 13. 14: beatus apostolus. II, 4: beatus Antonius. Vergl. Wiggers, a. a. O. S. 37 Anm. 10.

[2] S. die oben S. 26 Anm. 1 citierte Stelle aus Prospers Brief an Rufin c. 4.

II.
Cassians Lehre.

Cassian hat seine Gnadenlehre zum Teil in seiner zeitlich ersten Schrift de institutis coenobiorum, und zwar in dem de spiritu superbiae handelnden 12. Buch, ganz besonders aber in seiner zweiten Schrift collationes, unter diesen außer der dritten und fünften hauptsächlich in der XIII. de protectione Dei niedergelegt. Diese Unterredungen nämlich beschäftigen sich mit den inneren, auf Religiösität und Sittlichkeit gehenden Mönchsverhältnissen, während die Schrift de institutis die äußeren Einrichtungen des Mönchtums zum Gegenstand hat.[1]

1.

Cassian nimmt in seiner Lehre von der Gnade und dem freien Willen, die wir nicht nach der vom System der Dogmatik verlangten Ordnung, sondern nach den von Cassian selbst festgehaltenen Gesichtspunkten entwickeln, eine ausgesprochene Mittelstellung zwischen Pelagius und Augustin ein, welche beiden er indessen nicht namentlich erwähnt.[2]

---

[1] Instit. II, 9: Si quidem hi libelli, quos in praesenti cudere Domino adiuvante disponimus, ad exterioris hominis observantiam et institutionem coenobiorum competentius aptabuntur, illi vero (sc. collationes) ad disciplinam interioris ac perfectionem cordis et anachoretarum vitam atque doctrinam potius pertinebunt. — Collat. in praefat.: Proinde ab exteriore ac visibili monachorum cultu, quem prioribus digessimus libris (sc. de instit.), ad invisibilem interioris hominis habitum transeamus.

[2] Nur in der Schrift gegen Nestorius werden beide Namen genannt; Pelagius I, 4, 2. V, 2, 2, sowie seine Häresie wiederholt; Augustin VII, 27, 1 Augustinus Hipponae Regiensis oppidi sacerdos.

Demgemäß erklärt er sich zunächst gegen den pelagianischen Satz, daß der Christ sein Heil ohne göttlichen Gnadenbeistand zu wirken vermöge und seine Heilsthätigkeit dem Willen ausschließlich ganz angehöre.[1] Diese Lehre sei so wenig christlich, daß sie vielmehr nicht nur ungereimt und profan, sondern selbst schädlich und sakrilegisch sei;[2] auf die Bibel könne man sich für sie nur durch eine verkehrte, weil einseitige Erklärung der betreffenden Stellen berufen.[3] Antipelagianisch ist es, wenn Cassian den Begriff der Selbstgerechtigkeit verwerfend sagt, daß keiner der Gerechten sich zur Erlangung der Gerechtigkeit genüge.[4]

Solcher Lehre gegenüber hebt er an unzähligen Stellen die unbedingte Notwendigkeit der Gnade zu all dem, was das Heil betrifft, hervor.[5] Keiner der Gerechten genügt sich zur Erlangung der Gerechtigkeit, wenn nicht die göttliche Gnade in jedem Augenblick dem

---

[1] Collat. V, 15: Rogo, quid apertius potuit dici (Deut. 9, 45) contra perniciosam opinionem praesumptionemque nostram, qua totum quod agimus vel libero arbitrio vel nostrae volumus industriae deputare? — Ibid. XIII, 16: Nemo autem aestimet, haec a nobis ob hoc fuisse prolata, ut nitamur adstruere summam salutis in nostrae fidei dicione consistere secundum quorumdam profanam opinionem, qui totum libero arbitrio deputantes gratiam Dei dispensari secundum meritum uniuscuiusque definiunt.

[2] Collat. III, 16: Quam sit ineptum ac sacrilegum quidquam de bonis actibus nostrae industriae et non Dei gratiae vel adiutorio deputare, manifeste probatur Dominica protestante sententia (Ioann. 15, 4. 5) sine sua inspiratione vel cooperatione spiritales fructus exhibere neminem posse. — S. auch die vorige Anm.

[3] Ibid. III, 22: Nemo igitur haec quae protulimus, ut nihil geri sine Domino probaremus, prava interpretatione detorquens ad defensionem liberi arbitrii ita conetur adsumere, ut ab homine gratiam Dei provisionemque cotidianam temptet auferre.

[4] Ibid. C. 12: Nullus iustorum sibi sufficit ad obtinendam iustitiam.

[5] Collat. III, 16: Universa quae ad salutem pertinent, apostoli sibimet a Domino largita senserunt ... universa quae bona sunt auxilio Domini consummari. — Ibid. XIII, 6: In multis immo in omnibus ... semper auxilio Dei homines indigere nec aliquid humanam fragilitatem quod ad salutem pertinet per se solam, i. e. sine adiutorio Dei posse perficere, in nullo tamen evidentius quam in adquisitione atque custodia castitatis ostenditur.

Wankenden und Fallenden die stützende Hand darbietet, damit der Gefallene nicht gänzlich zu Grunde geht, nachdem er aus Schwachheit des freien Willens gefallen ist.¹ Mit unsern Kräften vermögen wir so große Feinde, wie sie in uns sich regen, nicht zu besiegen, wenn wir uns nicht auf die Hilfe Gottes allein stützen.² Insbesondere ist ohne die Gnade die Austilgung und Unterdrückung der rebellischen Concupiscenz der Sinnlichkeit nicht möglich.³ Mit Entrüstung wird der Gedanke zurückgewiesen, als ob der Mensch, ohne der Gnade Gottes zu bedürfen, für sich allein der Herzensreinheit fähig sei,⁴ denn die sinnliche Lust in unsern Gliedern sei stärker als unser Streben nach der Tugend.⁵ Den unreinen Geist sollen wir nicht im Vertrauen auf unsere Kräfte — denn das zu vollbringen vermag menschliche Thätigkeit nicht —, sondern auf die Hilfe Gottes zu überwinden uns bestreben.⁶ Wer im Körper weilt, kann nicht aus dem Fleische herausgehen, und es übersteigt die Natur, daß derjenige, der vom gebrechlichen Fleische umgeben ist, die Stacheln des Fleisches nicht empfinde. Daher ist es unmöglich, daß der Mensch sozusagen mit seinen Fittichen zu einer so erhabenen und himmlischen Belohnung sich emporschwinge, wenn ihn nicht die Gnade des Herrn durch das Geschenk der Keuschheit aus dieser irdischen Niedrigkeit (de terrae caeno) führt.⁷ Aus Ps. 126, 1: Wenn der Herr das Haus nicht baut, arbeiten die Bauleute vergeblich, folgt, daß man sie nicht durch eigenen Fleiß, sondern durch des Herrn Barmherzigkeit erlangt, und

---

¹ Ibid. III, 12.

² Ibid. IV, 15: Certos esse nos convenit tam ipsis rerum experimentis quam innumeris scripturae testimoniis eruditos, nostris nos viribus, nisi Dei solius auxilio fulciamur, tantos hostes superare non posse.

³ Ibid. II, 13: Nullus etenim sufferre inimici posset insidias seu carnales aestus naturali quodammodo igne flagrantes vel extinguere vel exprimere, nisi Dei gratia vel iuvaret fragilitatem nostram vel protegeret ac muniret.

⁴ Ibid. XXII, 6.

⁵ Ibid. V, 16: Fortior enim militat in membris nostris oblectatio carnalium passionum quam studia virtutum, quae nonnisi summa contritione cordis et corporis adquiruntur.

⁶ Instit. VI, 5.

⁷ Ibid. c. 6.

daß man andern nicht mit Härte und Strenge begegnen soll, im Bewußtsein, daß die menschliche Kraft nichts ist, wenn göttliche Kraft sie nicht unterstützt.[1]

2.

Was den Begriff dieser Gnade betrifft, so weist Cassian mit gleicher Entschiedenheit die pelagianische Auffassung derselben zurück. Denn antipelagianisch ist es, wenn er sagt: Nicht bloß dafür haben wir Gott zu danken, daß er uns mit Vernunft erschaffen oder mit dem Vermögen des freien Willens ausgestattet, oder uns die Kenntnis des Gesetzes, worin allein einige den göttlichen Beistand erblicken, verliehen und die Gnade der Taufe (im pelagianischen Sinne) geschenkt hat.[2]

Zwar lehrt auch Cassian, daß Gott durch das geschriebene Gesetz zu uns rede,[3] und es fällt unter den Begriff der äußern Gnade, wenn er öfter von den günstigen Gelegenheiten redet, die Gott dem Menschen darbietet, den Weg des Heiles zu beschreiten.[4] Von den drei verschiedenen Ordnungen oder Arten der Berufung zum Heile: ex Deo, per hominem, ex necessitate, wird die nach dem zweiten

---

[1] Collat. XII, 15: Si vim versiculi illius unusquisque in veritate conceperit: nisi Dominus aedificaverit domum, in vanum laboraverunt qui aedificant eam, sequitur ut nec de puritatis suae meritis extollatur, intellegens eam se non sua diligentia, sed Domini misericordia consecutum, nec contra alios inmiti rigore moveatur, sciens humanam nihil esse virtutem, si eam virtus divina non iuverit.

[2] Instit. XII, 18: Non solum pro his ei (Domino) gratias referentes, quod vel rationabiles nos condidit vel liberi arbitrii potestate donavit vel baptismi largitus est gratiam vel scientiam legis adiutoriumque concessit, sed etiam pro his ... quod adiuvat nos et inluminat, ut ipsum adiutorium nostrum, quod non aliud quidam interpretari volunt quam legem, intellegere et agnoscere valeamus.

[3] Collat. III, 22.

[4] Ibid. 19: Divinae est gratiae, praestare nobis occasiones salutis. — IX, 26: Atque in hunc modum nulli dubium est occasiones innumeras non deesse, quibus per Dei gratiam tepor ac somnolentia nostrarum mentium valeat excitari. — I, 15. III, 12. XIII, 3—6: Quibusdam occurrentibus causis etiam invitissimi frequenter retrahimur a salutaribus institutis, ita ut vel loci vel temporis copiam, in quo haec exercere possimus, necesse sit nos a Domino deprecari. — XIII, 13. 18.

Modus erfolgende durch äußere Gnade bewirkt, indem wir (zufolge Anordnung Gottes) durch die Ermahnungen dieses oder jenes Menschen und durch das Beispiel der Heiligen zum Verlangen nach dem Heile entflammt werden. Auch die dritte, von der Notwendigkeit herrührende Art der Berufung beruht insofern auf äußerer Gnade, als die sie veranlassenden Ereignisse durch den zulassenden Willen Gottes eintreten. Ex necessitate nämlich vollzieht sich die Berufung, wenn wir, bisher vom Reichtum begünstigt und den Vergnügen nachhängend, durch plötzliche Schicksalsschläge, sei es durch eigene Todesgefahr oder durch den Tod teurer Angehörigen, oder durch den Verlust und die Proskription unserer Güter erschüttert, zu Gott, den wir, so lange wir im Glücke waren, außer acht ließen, wenigstens unfreiwillig (inviti) unsere Zuflucht zu nehmen genötigt werden.[1]

Allein nach Cassian zieht uns Gott nicht bloß mittelbar in der soeben angegebenen Weise, sondern auch unmittelbar (per se) auf den Weg des Heiles.[2] Gott verhält sich zum Guten, das wir thun sollen, nicht bloß äußerlich, indem er es uns anrät, sondern er begünstigt es auch und treibt uns dazu an, so daß er uns bisweilen ohne unsern Willen und ohne unser Wissen zum Heile zieht.[3] Bei der äußern Gnade bleibt Cassian daher nicht stehen, er läßt zu ihr die innere treten, durch welche in uns religiös-sittliche Gedanken und Entschließungen hervorgerufen werden oder wir uns in dem erhalten, wozu wir durch die äußere Gnade resp. durch ihre moralische Wirksamkeit uns aufgefordert fühlen und angeregt werden.[4] Einen drei-

---

[1] Collat. III, 3. 4. Für diesen dritten Modus der Berufung citiert Cassian Richter 3, 9. 15. Pf. 77, 34. 35.

[2] Ibid. III, 19.

[3] Collat. VII, 8 heißt es mit Bezug auf 1. Joh. 4, 4: Maior enim qui in nobis est quam qui in hoc mundo: cuius auxilia multo vehementiore militant virtute pro nobis quam adversus nos illorum multitudo confligit; nam bonarum rerum non tantum suggestor, sed etiam fautor atque impulsor est Deus, ita ut nonnumquam nos etiam invitos et ignorantes adtrahat ad salutem. — Conf. Collat. IX, 6: Bene dixisti, potuimus; non enim solus eras, cum illud caederes, sed fuit alius tecum quem non vidisti, qui tibi in hoc opere non tam adiutor quam violentissimus impulsor adstabat. — Ibid. XIII, 17.

[4] Collat. III, 4.

fachen Ursprung unserer Gedanken unterscheidend, nämlich aus Gott dem Teufel und aus uns, bemerkt Cassian, aus Gott seien unsere Gedanken dadurch, daß er sich würdigt, in uns durch Erleuchtung des hl. Geistes Einkehr zu nehmen, indem er uns zu größerem Fortschritt ermuntert, uns wegen zu geringer oder unterlassener Thätigkeit durch heilsame Zerknirschung züchtigt, oder uns die himmlischen Geheimnisse erschließt und unsern Vorsatz zu besseren Handlungen lenkt und unsern Willen umwandelt.[1] Im Unterschied hiervon entstehen die Gedanken aus uns, wenn wir uns dessen, was wir thun oder gethan und gehört haben, auf natürliche Weise (naturaliter) erinnern.[2]

Von der ersten der oben erwähnten drei Arten der Berufung zum Heile, nämlich aus Gott (ex Deo), sagt Cassian, sie erfolge, so oft Gott unserm Herzen seine Gnade einflöße, die uns bisweilen selbst im Schlafe die Sehnsucht nach dem ewigen Leben erregt und uns durch heilsame Zerknirschung ermahnt, Gott zu folgen und seinen Geboten nachzukommen. So wurde Abraham nach Genes. 12, 1 durch des Herrn Wort aufgefordert, den heimatlichen Boden, das Vaterhaus und seine ganze Verwandtschaft zu verlassen. Ferner dem hl. Antonius bot Gott allein durch das bei seinem Eintritt in eine Kirche vernommene Wort des Herrn bei Luf. 14, 26 Gelegenheit zu seiner Bekehrung dar.[3] Mit Bezug auf Hebr. 13, 20. 21 wird gesagt, Gott mache unsere Seelen tauglich und stärke sie zu jedem guten Werke und wirke in uns (operari in nobis), was ihm wohl= gefällig sei.[4] Nicht bloß für die Gnade im pelagianischen Sinne, sondern auch für das haben wir Gott zu danken, was uns durch seine tägliche Providenz zu teil wird, nämlich, daß er uns von den Nach= stellungen der Feinde befreit, daß er in uns mitwirkt (cooperatur in nobis), damit wir die Fehler des Fleisches überwinden können, daß er uns in unserer Unwissenheit vor Gefahren beschützt, daß er uns vor dem Fall in Sünde bewahrt, daß er uns unterstützt und erleuchtet, daß wir selbst unsern Beistand, den einige allein in das Gesetz verlegen, verstehen und erkennen können, daß wir für unsere Nachlässigkeiten und Vergehen durch seine Einflößung innerlich (la= tenter) zerknirscht werden, daß wir durch seine Gnade (dignatione)

---

[1] Collat. I, 19.   [2] Ibid. III, 14.   [3] Ibid. III, 4.
[4] Collat. III, 17.

heimgesucht und auf das heilsamste gezüchtigt werden, daß wir von ihm bisweilen selbst ohne unsern Willen (inviti) zum Heile gezogen werden, endlich dafür, daß er selbst unserm freien Willen, der geneigter zur Sünde ist (proclivius fertur ad vitia), die Richtung auf ein besseres Leben giebt (ad meliorem dirigit frugem) und ihn durch seine Einwirkung (instigationis suae visitatione) auf den Pfad der Tugend lenkt.[1]

3.

Cassian bezieht die Gnade, die er für notwendig erklärt, auf den menschlichen Geist zunächst als intelligenten, und ihm ist daher die Gnade, was ihre Wirksamkeit betrifft, erleuchtende. Nicht bloß die guten Handlungen, sondern auch die guten Gedanken rühren von Gott her.[2] Nicht fleißige Lektüre, sondern der Herr erleuchtet die Blinden, macht Blinde zu Weisen.[3] Aus Ps. 24, 4. 118, 18. 142, 10. 93, 10 folgert Cassian, daß zur Kenntnis des Gesetzes fleißige Lesung desselben nicht genüge, sondern die Belehrung und Erleuchtung durch Gott erforderlich sei.[4] Obwohl David schon von Natur eine (natürliche) Kenntnis von dem geschriebenen Gesetze Gottes hatte, so bittet er doch (Ps. 118, 25) um eine vollkommenere Erkenntnis desselben, weil er wußte, daß, was dem Menschen per naturam eingepflanzt ist, ihm keineswegs genüge, wenn er nicht täglich vom Herrn in der geistigen Erkenntnis des Gesetzes und seiner Gebote und im klareren Verständnis seines Sinnes erleuchtet werde.[5] Wie wir, durch Inspi-

---

[1] Instit. XII, 18.
[2] Collat. I, 19: Ex Deo quidem sunt (cogitationes nostrae), cum spiritus sancti illustratione nos visitare dignatur. — XIII, 3: Quibus manifeste colligitur, non solum actuum, verum etiam cogitationum bonarum ex Deo esse.
[3] Ibid. III, 15: Non lectionis industria, sed Dominus inluminat caecos (Ps. 145), quod graece dicitur, κύριος σοφοῖ τυφλούς, i. e. Dominus sapientes facit caecos.
[4] Ibid. III, 14: Legis quoque ipsius scientiam non lectionis industria, sed magisterio et inluminatione Dei cotidie desiderant adipisci dicentes ad eum: vias tuas Domine demonstra mihi et semitas tuas edoce me (Ps. 24, 4) etc.
[5] Ibid. 15: Ipsum etiam intellectum beatus David, quo mandata Dei possit agnoscere, quae utique in libro legis noverat esse perscripta, a

ration des Herrn auf den Weg des Heiles gerufen, herbeieilen, so
gelangen wir auch, durch seine Belehrung und Erleuchtung geleitet,
zur Vollkommenheit der höchsten Seligkeit.[1]

Daß nach Cassian die Gnade auch für den Willen ein notwendiger
Faktor im Heilsprozeß ist, ergiebt sich schon aus seinem erklärten
Gegensatz zum Pelagianismus, welcher das ganze Heilswerk dem
Willen und seiner Thätigkeit zuschreibt. Er lehrt dies aber auch
ausdrücklich. Zu Phil. 2, 13, wonach Gott in uns sowohl das Wollen
als das Vollbringen nach seinem Wohlgefallen wirkt, bemerkt er: Was
kann deutlicher gesagt werden, als daß sowohl unser guter Wille als
die Vollendung des Werkes in uns von dem Herrn gewirkt werde.[2]
Eine Reihe alt- und neutestamentlicher Stellen citierend bemerkt er,
daß nicht bloß unsere Handlungen, sondern auch unser guter, heiliger
Wille von Gott durch Einflößung (Inspiration) herrühre.[3] Unter
der Gnade versteht er sonach nicht bloß die aktuelle, sondern auch die
habituelle. Die Rechtfertigung, sofern sie in Sündenvergebung besteht,
vollzieht sich durch Gnade Gottes.[4] Auf demselben Principe beruht
sie ihrem positiven Momente nach als Heiligung. Alle Heiligen, sagt

---

Domino postulat promereri dicens: servus tuus sum ego: da mihi
intellectum, ut discam mandata tua (Ps. 118, 25). Utique et intellectum semel per naturam praestitum possidebat, notitiam quoque mandatorum Dei, quae descripta tenebantur in lege, utique habebat in promptu
et tamen ut hanc plenius adprehenderet Dominum precabatur, sciens nequaquam sufficere sibimet posse id quod per naturam conditionis insertum
est, nisi cotidiana Domini inluminatione ad intelligendam spiritaliter legem
ac mandata eius apertius agnoscenda sensus ipsius ad eodem fuerit in-
lustratus.

[1] Ibid. III, 10: Quemadmodum inspiratione Domini provocati ad viam
salutis adcurrimus, ita etiam magisterio ipsius et inluminatione
deducti ad perfectionem summae beatitudinis pervenimus.

[2] Ibid. III, 15.

[3] Ibid. 19. XIII, 8: Quibus manifeste colligitur, non solum actuum,
verum etiam cogitationum bonarum ex Deo esse principium, qui nobis et
initia sanctae voluntatis inspirat et virtutem atque opportunitatem
eorum quae recte cupimus tribuit peragendi.

[4] Ibid. XXII, 13: Nec enim esse sanctus desinit post ruinam, qui cum
se fiducia operum suorum iustificari non posse cognoscat et a tantis peccatorum nexibus credat sola Domini gratia liberandum, cum apostolo procla-
mare non desinit: Röm. 7, 24—25.

er, erlangen die Fülle ihrer Rechtfertigung nicht von ihrer gebrechlichen Natur, sondern von des Herrn Gnade und Barmherzigkeit.[1] Nichts ist nämlich durch sich selbst beständig, nichts unwandelbar, nichts gut als die Gottheit allein, daher kann alle Kreatur die ewige unwandelbare Seligkeit nicht durch ihre Natur, sondern nur durch Participation an ihrem Schöpfer und seiner Gnade erlangen.[2] Die Quelle aller Tugenden ist die Liebe, die uns bei der Rechtfertigung durch den hl. Geist eingegossen wird (Röm. 5, 5).[3] Nur durch sie thun wir das Gute um seiner selbst willen,[4] und ohne sie kann keiner den Herrn verdienen.[5]

4.

Antipelagianisch hebt Cassian die Notwendigkeit der Gnade für den freien Willen auf das schärfste hervor. Nicht der freie Wille, sagt er, sondern der Herr befreit die Gefangenen (Pf. 145, 7); nicht unsere Kraft, sondern der Herr richtet die Gebeugten auf (Pf. 145, 8); nicht fleißige Lesung, sondern der Herr erleuchtet Blinde (ibid. v. 8); nicht unsere Vorsicht, sondern der Herr beschützt die Fremdlinge (ibid. v. 9); nicht unsere Stärke, sondern der Herr stützt alle, die zusammensinken (ibid. v. 14). Immer müssen wir mit David (Pf. 117, 14) beten: Meine Stärke und mein Lob ist (nicht der freie Wille, sondern) der Herr. Kurz gesagt: Unsere Tüchtigkeit ist aus Gott.[6]

Damit will nun aber Cassian, wie er wiederholt und nachdrücklich hervorhebt, weder den freien Willen beseitigen, noch seine

---

[1] Ibid. XXIII, 17: Omnes sancti non tamen ex persona populi quam ex sua et peccatores se veraciter fateantur et tamen nequaquam de sua salute desperent, sed iustificationis plenitudinem, quam pro condicione fragilitatis humanae consequi se posse diffidunt, de gratia Domini et miseratione praesumant.

[2] Ibid. c. 3: Ergo quia nihil est per semet ipsum stabile, nihil immutabile, nihil bonum nisi Deitas sola, omnis vero creatura, ut beatitudinem aeternitatis vel immutabilitatis obtineant, non hoc per suam naturam, sed per creatoris sui participationem et gratiam consequuntur, tenere meritum bonitatis creatori suo conlata non possunt.

[3] Collat. III, 8. XVI, 13. XXI, 33.
[4] Ibid. XI, 9.   [5] Ibid. XXIII, 5.
[6] Ibid. III, 15: Quod (sc. 2. Cor. 3, 5) minus Latine, sed expressius dici potest: idon(e)itas nostra ex Deo est.

Bemühung für überflüssig oder gar vergeblich erklären, sondern eben nur die tägliche und stündliche Notwendigkeit der Gnade für den Willen zu seiner Heilswirksamkeit betonen.[1] Als zweiten zum göttlichen Faktor der Gnade hinzutretenden menschlichen lehrt er daher den freien Willen, mit welchem der Schöpfer alle rationale Kreatur begabt hat;[2] zur positiven Begründung hierfür werden eine Reihe von alt- und neutestamentlichen Bibelstellen beigebracht.[3]

5.

Aber gerade vom Begriffe der Willensfreiheit aus wird Einwendung gegen die Notwendigkeit der Gnade erhoben. Wenn nämlich der Wille eine Schöpfergabe Gottes ist, seine Freiheit in Wahlfreiheit besteht und er von Natur nicht für die Sünde, sondern für die Tugend bestimmt ist,[4] warum sollte unser Heil nicht lediglich auf uns beruhen, und die Gnade noch ein Bedürfnis für uns sein?[5] Cassian verwahrt sich gegen eine solche verkehrte, die Gnade von der Heilsthätigkeit des Willens ausschließende Erklärung und beruft sich zur Begründung der behaupteten Notwendigkeit der Gnade für den Willen, ungeachtet seiner Freiheit, auf das Verhältnis der Kreatur zu Gott als dem Absoluten, wonach sie von ihrem Kreator, wie in ihrem

---

[1] Collat. III, 15: Haec autem dicimus, non ut studium nostrum vel laborem atque industriam quasi inaniter et superfluo impendenda vacuemus, sed ut noverimus, nos sine auxilio Dei nec adniti posse nec efficaces nostros esse conatus ad capessendum tam immane praemium puritatis, nisi nobis adiutorio Domini ac misericordia fuerit adtributum. — Ibid. 22: Nos enim per haec quae protulimus non liberum arbitrium hominis volumus submovere, sed huic adiutorium et gratiam Dei per singulos dies ac momenta necessariam comprobare. — Ebenso Instit. XII, 14.

[2] Collat. XXIII, 12: Omnibus rationabilibus creaturis arbitrii libertatem creator indulserat.

[3] Ibid. XIII, 10.

[4] Ibid. V, 29: Voluntas Domini possessionem cordis nostri non vitiis, sed virtutibus naturaliter deputavit.

[5] Ibid. III, 21: Hoc testimonium (Ps. 30, 12. 13) apertissime liberum demonstrat arbitrium; cum enim dicit, si audisset, ostendit in potestate illius fuisse vel adquiescendi vel non adquiescendi iudicium: quomodo igitur non in nobis nostra salus est collocanda, cum vel audiendi vel non audiendi ipse nobis concesserit facultatem?

Dasein, so auch in ihrem Leben abhängig und bedingt ist. Mit un=
erschütterlichem Glauben, sagt er, geziemt es uns festzuhalten, daß in
dieser Welt durchaus nichts ohne Gott geschieht; denn alles geschieht
entweder mit seinem Willen oder mit seiner Zulassung; was nämlich
gut ist, wird mit seinem Willen und seinem Beistand vollbracht; was
aber entgegengesetzt ist, durch seine Zulassung.[1] Über die durchgängige
Abhängigkeit des menschlichen Willens von Gott spricht sich Cassian
an der Hand von Ps. 69 (70), 2 also aus. Dieser Vers erweist
sich einem jeden von uns, mag er sich in einer beliebigen Beschaffen=
heit befinden, als notwendig und nützlich. Denn wer stets und in
allem unterstützt zu werden wünscht, bekundet, daß er nicht nur in
unglücklichen und traurigen, sondern auch in günstigen und freudigen
Verhältnissen in gleicher Weise Gottes Beistand bedarf, damit er durch
ihn aus jenen befreit, in diesen erhalten werde.[2] Zu Ps. 73 (74), 21
bemerkt er fragend: In der That, kann es eine größere und heiligere
Armut geben, als die Armut dessen ist, der in der Erkenntnis, er
habe keinen Schutz und keine Kraft, von der Freigebigkeit eines andern
tägliche Hilfe verlangt? und der in der Einsicht, daß sein Leben und
seine Habe in jedem einzelnen Augenblick durch göttliche Hilfe erhalten
werde, sich nicht mit Unrecht als Bettler bekennt und täglich demütig
ruft (Ps. 39, 184): ich bin ein Bettler und arm, Gott hilft mir.[3]

Der nähere Grund dieses Bedürfnisses der Gnade für den
Menschen liegt nach Cassian in der Schwäche und Gebrechlichkeit seiner
Natur, worauf die hl. Schrift hinweise, obwohl sie die Willensfreiheit
lehre.[4] Joh. 5, 30 sage der Herr ex persona hominis adsumpti,
daß er nichts von sich selbst thun könne, und wir, die wir Asche und
Erde sind, sollten in dem, was zum Heile gehört, des Beistandes des
Herrn nicht bedürfen? Im Gefühle unserer Schwäche und der Not=
wendigkeit des göttlichen Beistandes in allen einzelnen Dingen beten

---

[1] Ibid. III, 20: Credere tamen inconcussa fide nos convenit nihil sine
Deo prorsus in hoc mundo geri; aut enim voluntate eius aut permissu agi
universa fatendum est, ut scilicet haec quae bona sunt voluntate Dei perfici
auxilioque credantur, quae autem contraria sunt permissu, cum pro ne-
quitiis ac duritia cordis nostri deserens nos divina protectio diabolum nobis
vel ignominiosas corporis passiones patitur dominari.
[2] Ibid. X, 10.   [3] Ibid. X, 11.
[4] Ibid. XIII, 10, das ganze Kapitel hindurch.

wir daher täglich: Ich wurde gestoßen, gestürzt, so daß ich fiel; aber der Herr schützte mich (Ps. 117, 13. 14).[1]

Unter dieser Schwäche und Gebrechlichkeit, welche dem Menschen die Gnade für sein Heil notwendig macht, versteht Cassian besonders die Concupiscenz, d. i. die unfreiwillige, ungeordnete Regung der Sinnlichkeit gegen den Geist, zufolge welcher der freie Wille zur Sünde neigt. Denn Überwindung dieser rebellischen Regungen und der Neigung zum Sündigen, positiv der Eintritt der vollkommenen Freiheit davon, insbesondere die vollkommene Keuschheit (Apathie, Anamartesie), ist nur durch die Gnade möglich.[2]

6.

Der Urheber dieser Concupiscenz, welche der Apostel 7, 22 ff. das Gesetz der Sünde in unsern Gliedern nennt, ist, wie Cassian ausdrücklich hervorhebt, Adam; sie ist eine Folge seiner Sünde und herrscht in unserer Natur erst seit seiner Übertretung.[3] Daher drängt sich uns die Frage nach dem Zustand des Menschen vor der Sünde (status originalis) auf.

Cassian spricht sich über den anfänglichen Zustand der Engel in ethischer Beziehung mit wünschenswerter Deutlichkeit aus. Durch die Gnade des Schöpfers, sagt er, befand sich der Engel in dem erhabenen Zustand der Seligkeit und war geschmückt mit der Prärogative hoher Tugend und Macht; insbesondere zeichnete sich Lucifer, der nachher aus Hochmut fiel, vor den übrigen himmlischen Mächten durch den Glanz der Weisheit und durch die Schönheit der Tugend aus, deren

---

[1] Instit. XII, 17.
[2] Collat. II, 13: Nullus etenim sufferre inimici posset insidias seu carnales aestus naturali quodammodo igne flagrantes vel extinguere vel reprimere, nisi Dei gratia vel iuvaret fragilitatem nostram vel protegeret ac muniret. — Ibid. III, 12: Nostrum arbitrium, quod proclivius vel ignoratione boni vel oblectatione passionum fertur ad vitia, ille invisibilis rector mentis humanae ad virtutum potius studia retorquere dignatur. — Ibid. XIII, 6: Licet in multis, immo in omnibus possit ostendi semper auxilio Dei homines indigere nec aliquid humanam fragilitatem quod ad salutem pertinet per se solam, id est sine adiutorio Dei posse perficere, in nullo tamen evidentius quam in adquisitione atque custodia castitatis ostenditur.
[3] Die Beweisstellen hierfür später.

Schmuck ihm durch des Schöpfers Gnade zukam.[1] Mit einem Wort, der ursprüngliche Stand der Engel war die Heiligkeit.[2] Demnach sollte man erwarten, daß Cassian sich ebenso genau über den Urzustand des ersten Menschen ausspricht. Ist dies nun wirklich der Fall?

Der Mensch, lehrt er mit der Bibel, ist von Gott nach seinem Bilde erschaffen, was sich unmittelbar auf den kostbareren Teil,[3] auf den geistigen Faktor der menschlichen Natur, beziehe; im ausdrücklichen Gegensatz zu den Anthropomorphiten ist ihm der Mensch, weil sein Urbild, Gott, Geist ist, durch seine rationale Seele, die geistige Substanz ist, Bild Gottes.[4] In diesem Ebenbilde, wie es aus der schöpferischen Hand Gottes hervorging, nach seiner intellektuellen Seite zukommendes Gut bestand zunächst in der wahren Wissenschaft der physischen Philosophie, wozu der erste Mensch dadurch, daß er sofort der Einrichtung der gesamten Natur folgte, augenscheinlich zu gelangen vermochte. Doch nicht allein eine große Fülle der Weisheit, sondern selbst die Gnade der Prophetie ergoß sich durch göttliche Einhauchung in ihn, so daß er allen lebenden Wesen Namen beilegte und nicht

---

[1] Instit. XII, 4: Angelum illum, qui pro nimietate splendoris ac decoris sui Lucifer nuncupatus est, nullo alio quam hoc vitio (sc. superbiae) deiectum caelitus invenimus et ex illa beata sublimique angelorum statione telo superbiae vulneratum ad inferna fuisse conlapsum .... tantam virtutem, tantae potentiae praerogativa decoratum una elatio cordis potuit de caelestibus ad terrena devolvere ... hic indutus divina claritate et inter ceteras supernas virtutes conditoris largitate praefulgens splendorem sapientiae et virtutum pulchritudinem, qua ornabatur gratia creatoris, naturae suae potentia, non munificentiae illius beneficio se credidit obtinere etc.

[2] Collat. VIII, 10: Ante illam circumventionem primi hominis de angelica discesserat sanctitate.

[3] Ibid. I, 14: Pretiosiorem hominis portionem.

[4] Collat. X, 2. 3. 5. Wenn Cassian VII, 13 von der geistigen Natur der Engel und der menschlichen Seele sagt, sie seien nicht unkörperlich wie Gott, sondern subsistierten in einem Körper (habent enim secundum se corpus quo subsistunt), so will er damit sagen, ihre Substanz sei ungleich konkreter als die göttliche, welche vermöge ihrer reinen Geistigkeit alle andere geistigen und intellektualen Substanzen durchdringe, d. i. allgegenwärtig sei. Beweis für diese Erklärung ist auch, daß Cassian, was die Frage nach dem Ursprung der Seelen betrifft, den Kreatianismus lehrt und den Generatianismus verwirft: denn, sagt er, spiritus non per commixtionem sexus utriusque generatur.

nur die Wut und das Gift aller Arten von reißenden Tieren und Schlangen unterschied, sondern auch die Kräfte der Kräuter und die Naturen der Bäume und Steine und den Wechsel der Zeiten, wovon er durch Erfahrung noch keine Kenntnis hatte, einteilte, so daß er wirklich mit Weish. 7, 17—21 sagen konnte: Der Herr hat mir eine wahre Kenntnis von dem gegeben, was ist u. s. w.[1]

Das zweite intellektuelle Gut, dessen sich Adam erfreute, war die natürliche Kenntnis des Gesetzes. Als nämlich Gott den Menschen schuf, pflanzte er ihm auf natürliche Weise alle Kenntnis des Gesetzes ein. Das geschriebene, positive Gesetz war für ihn kein Bedürfnis, so lange er das natürliche bewahrte.[2] Denn Gott hat anfangs alles vollkommen erschaffen, und es lag kein Grund vor, warum er seiner ursprünglichen Anordnung, als ob sie unbedacht und unvollkommen gewesen, etwas hinzuzufügen hatte.[3] Erst nachdem das natürliche

---

[1] Collat. VIII, 21: Quam (veram physicae philosophiae disciplinam) primus homo ille, qui universarum naturarum institutionem e vestigio subsecutus est, potuit evidenter adtingere suisque posteris certa ratione transmittere; quippe qui mundi ipsius infantiam adhuc teneram et quodammodo palpitantem rudemque conspexerat et in quem tanta fuit non solum sapientiae plenitudo, sed etiam gratia prophetiae divina illa insufflatione transfusa, ut universis animantibus nomina rudis adhuc mundi huius habitator imponeret ac non solum omnigenum bestiarum atque serpentum furores virusque dicerneret, sed etiam virtutes herbarum et arborum lapidumque naturas ac temporum necdum expertorum vicissitudines partiretur, ita ut efficaciter potuerit dicere: Sap. 7, 17—21 (LXX).

[2] Ibid. VIII, 23: Deus hominem creans omnem naturaliter ei scientiam legis inseruit; quae si fuisset ab homine secundum propositum Domini ut coeperat custodita, non utique necessarium fuisset, aliam dari quam litteris postea promulgavit: erat enim superfluum extrinsecus offerri remedium, quod adhuc intrinsecus vigebat insertum. — Ibid. c. 24: Illi namque habentes naturalis atque insitae legis sanam atque integram disciplinam nequaquam lege hac extrinsecus adhibita litterisque descripta quaeque in adiutorium illi naturali data est indigebant; ex quibus apertissima ratione colligitur, nec legem istam perscriptam litteris dari ab initio debuisse (erat enim hoc superfluum fieri stante adhuc naturali lege nec ad integrum violata) nec evangelicam perfectionem tradi ante legis potuisse custodiam.

[3] Ibid. 24: Ita ergo intelligimus ab initio Deum omnia creasse perfecta nec fuisse quod ordinationi eius principali velut improvidae et imperfectae necesse esset adiungi, si in illo statu ac dispositione qua ab ipso creata sunt universa mansissent.

Gesetz durch Freiheit und Gewohnheit zu sündigen gänzlich korrumpiert war, kam das mosaische Gesetz zur Hilfe hinzu (Jes. 8, 20), um zu verhüten, daß das Gut der natürlichen Kenntnis gänzlich vernichtet werde, und wurde es nach Gal. 3, 24 als Pädagoge für die sozusagen Unmündigen gegeben, damit diejenigen, die zuvor in der natürlichen Kenntnis unterrichtet worden, nicht der Vergessenheit derselben verfielen.[1]

Vorstehende Sätze von der ursprünglich vollkommenen und einer nachfolgenden Emendation nicht bedürftigen Schöpfung sind zunächst gerichtet gegen die häretische Behauptung, als ob die alttestamentliche Gesetzgebung zur Verbesserung der anfänglich mangelhaften Anordnung Gottes erfolgt sei; sie sind aber auch charakteristisch für Cassians Auffassung vom Urstand, in dem der Mensch von Gott erschaffen worden. Befand sich Adam mit seinem sittlichen Bewußtsein schon durch das seiner Natur eingepflanzte, d. i. durch das natürliche Gesetz, das jedem Menschen auch nach der Sünde innewohnt (Röm. 2, 14. 15),[2] überhaupt in einem der Vervollkommnung nicht bedürftigen Zustand, so war der faktische Urstand des ersten Menschen ein natürlicher; zur Vorstellung desselben als eines an sich übernatürlichen (status sanctitatis, naturae elevatae) erhebt sich Cassian nicht.

Nicht anders verhält es sich nach Cassian mit dem dem Menschen im Urstande zukommenden zweiten, dem moralischen Gut, welches im freien Willen besteht. Man darf, sagt er, nicht glauben, daß Gott den Menschen so erschaffen habe, als ob er niemals das Gute wolle und könne; sonst hätte er ihm nicht den freien Willen gegeben, wenn er ihm bloß das Wollen und Können des Bösen einräumte, nicht aber auch das Gute von sich selbst zu wollen und zu können. Eine solche Annahme widerspräche der von Gott nach der Übertretung des ersten Menschen geäußerten Sentenz (Genes. 3, 22): Siehe, Adam ist geworden wie einer von uns, erkennend das Gute und Böse. Er konnte also zuvor im Guten nicht völlig unwissend gewesen sein; denn sonst wäre er ja als unvernünftiges Wesen gebildet worden, was absurd und dem katholischen Glauben durchaus widersprechend ist.

---

[1] Ibid. c. 23.
[2] Collat. XIII, 12.

Vielmehr hat Gott den Menschen nach Eccles. 7, 29 recht erschaffen, d. i. so, daß er sich beständig nur der Erkenntnis des Guten erfreue.[1]

Was nun diese Geradheit oder Rechtbeschaffenheit resp. die dem ersten Menschen durch sie zukommende Kenntnis des Guten betrifft, so versteht Cassian darunter nicht (wie Augustin) eine durch Gnade hervorgerufene übernatürliche Beschaffenheit seines Willens. Zwar sagt er, Adam habe seine Willensfreiheit durch die Gnade des Schöpfers empfangen;[2] allein daß hiermit die Gnade nur ihrem allgemeinsten Begriffe nach gemeint sein kann, und der erste Mensch recht war nur insofern, als er ursprünglich nicht sündig war,[3] daß also diese seine Rechtbeschaffenheit in natürlicher Güte bestand, geht evident daraus hervor, daß Cassian Adam die Kenntnis des Guten, die er vor der der Sünde besaß, auch nach der Sünde zuschreibt. Ist der erste Mensch, sagt er, infolge seiner Sündenthat nach Genes. 3, 22 das Gute und Böse erkennend geworden, so hat er nach der Übertretung die scientia mali, die er vorher nicht hatte, sich zugezogen, verlor aber nicht die scientia boni, die er empfangen hatte.[4] Cassian beruft sich dafür, daß das Menschengeschlecht nach der Übertretung Adams die Kenntnis des Guten nicht verloren, auf Röm. 2, 14—16 und beweist damit; daß die dem ersten Menschen gegebene Kenntnis des Guten sich von der auch dem Heiden auf Grund des in sein Herz

---

[1] Collat. XIII, 12. VII, 4.

[2] Instit. XII, 5: Dum enim gloriam Deitatis arbitrii libertate et industria sua credidit se posse conquirere, etiam illam perdidit, quam adeptus fuerat gratia conditoris.

[3] Collat. VII, 4: Non ergo hanc evagationem cordis nostri vel naturae humanae vel Deo creatori eius debemus adscribere; vera est enim scripturae sententia, quia Deus fecit hominem rectum: et ipsi quaesierunt cogitationes multas (Eccles. 7, 29 LXX); a nobis ergo earum qualitas pendet.

[4] Collat. XIII, 12: .... fecit Deus hominem rectum (eccles. 7, 29), id est, ut tantummodo boni scientia iugiter frueretur, sed ipsi quaesiverunt cogitationes multas (ibid.): facti enim sunt, ut dictum est, scientes bonum et malum, concepit ergo Adam post praevaricationem quam non habuerat scientiam mali, boni vero quam acceperat scientiam non amisit.

geschriebenen Gesetzes möglichen qualitativ nicht unterscheide, also wie
letztere eine natürliche sei.¹

Da Cassian die Selbstgerechtigkeit des Menschen verwirft und
die diesen gerechtmachende Gerechtigkeit als Sache der Gnade Gottes
bezeichnet, die im Christentum sich vollziehende Rechtfertigung als
Wiederherstellung in den vorigen Stand der Freiheit auffaßt,²
so sollte man freilich meinen, daß er auch den status originalis
sanctitatis lehre; allein zu diesem Rückschluß berechtigen die mitgeteilten Angaben über den Urstand Adams nicht.

Die Concupiscenzlosigkeit, die dem Menschen vor der Sünde
zukam, hielt hiernach Cassian für eine natürliche Beschaffenheit desselben: nicht durch Gnade und ihre übernatürliche Wirkung, sondern
in ihrer reinen Kreatürlichkeit, wie sie aus der schöpferischen Hand
Gottes hervorgegangen, war seine Natur frei von der unfreiwilligen
ungeordneten Regung der Sinnlichkeit gegen den Geist.

Die Behauptung, Cassian fasse Adams Urstand nicht als übernatürlichen auf, will nicht besagen, daß er in diesem Punkte mit
Pelagius übereinstimme. Hiergegen spricht nicht nur seine oben-
erwähnte Stellungnahme wider diesen Häresiarchen, sondern auch seine
ausdrückliche Geltendmachung der Notwendigkeit der Gnade. Seine
Meinung ist vielmehr, daß der erste Mensch seine religiös-sittliche
Aufgabe nur dadurch verwirklichen und das ewige Leben erlangen
konnte, daß die Gnade ihn in dieser teleologischen Arbeit unterstützte.
Allein den Gedanken einer Erhebung und Erhöhung des Menschen
in den ordo supernaturalis durch Verleihung der heiligenden Gnade,
wodurch er für die auf sein Endziel gerichtete Thätigkeit befähigt

---

¹ Ibid.: Denique non amisisse humanum genus post praevaricationem
Adae scientiam boni etiam apostoli sententia evidentissime declaratur, qua
dicit Roman. 2, 14. 16 etc.

² Collat. XXIII, 12: Oportebat enim eius subolem tamdiu sub avita
condicione durare, quousque eam de originalibus vinculis liberatam in antiquum libertatis statum prioris Domini gratia
pretio sui sanguinis reformaret. — V, 24: Quae (sc. virtutes) post
praevaricationem Adae insolescentibus vitiis i. e. populis Chananaeis a
propria regione depulsae cum ei rursum per Dei gratiam diligentia nostra
ac labore fuerint restitutae, non tam alienas occupasse terras quam
proprias credendae sunt recepisse.

wurde, kennt er nicht, wie er auch von dem Unterschiede eines doppelten Endzieles, eines natürlichen und übernatürlichen, und eines beiden entsprechenden status nichts weiß. Den freien Willen in seinem Verhältnis zur Gnade faßt er nicht als potentia obedientiae passiva, sondern als activa. Sehr fraglich ist daher, ob sich der formelle Begriff der Gnade als Übernatur auf Cassians Gnadenbegriff anwenden lasse.

Aus Cassians mangelhafter Vorstellung vom Urstand des Menschen erklärt sich seine im Folgenden zu erörternde semipelagianische Verhältnisbestimmung der Gnade zum freien Willen.

Dagegen nahm Cassian das Moment des Übernatürlichen in Bezug auf den Leib des ersten Menschen an, indem er ihm die Unsterblichkeit zuschrieb. Denn wenn er sagt, Satan sei durch seine den ersten Menschen gegebene Verheißung: eritis sicut dii, nicht in der Wahrheit bestanden, sondern sei zum Menschenmörder geworden, indem er Adam in die Beschaffenheit der Sterblichkeit versetzte,[1] und wenn er mit Berufung auf Weish. 2, 24. 25 sagt, der erste Urheber alles Giftes und der Fürst des Bösen habe in den Menschen das Gift des Todes ausgegossen,[2] so setzt das beim Menschen vor der Sünde seine Unsterblichkeit (posse non mori) voraus, die keine Mitgift der Natur, sondern ein Geschenk der Gnade ist.

7.

So lange Adam sich nicht in Widerspruch mit dem Willen Gottes, resp. mit dem ihm gegebenen Gebote desselben setzte, verblieb

---

[1] Collat. VIII, 25: Diabolus ... factus est mendax et in veritate non stetit (Joh. 8, 44), sed de proprio nequitiae thesauro mendacium proferens non solum mendax, sed etiam pater ipsius mendacii factus est, quo Deitatem homini repromittens ac dicens: eritis sicut dii (Gen. 3, 5), in veritate non stetit, sed ab initio factus est homicida, vel Adam in condicionem mortalitatis inducens vel Abel instigatione sua per manum fratris interimens.

[2] Collat. XVIII, 16 (al. 17): Qua (sc. invidia) primus ille omnium venenorum auctor et princeps et periit et peremit; nam ante suus quam eius cui inviderat interemptor, priusquam in hominem mortis virus effunderet, ipse se perdidit: invidia enim diaboli mors introivit in orbem terrarum. Sap. 2, 24. 25.

er in dem Zustand der Sündelosigkeit und Unschuld, in dem er erschaffen worden; unversehrt und unverletzt waren Gottes Bild und Ähnlichkeit in ihm.[1] Eine Änderung trat jedoch ein, als er durch Lucifer, diesen aus Hochmut von Gott abgefallenen Engel, der ihn um seine Bestimmung, die ewige Glorie, beneidete, zur Übertretung des göttlichen Gebotes versucht wurde und diesem Ansinnen nachgebend der Sünde verfiel.[2] Die Folgen hiervon blieben nicht aus. Die durch den ersten Fall Lucifers erzeugte Krankheit ging auf den von ihm verführten Protoplasten über und brachte die Krankheiten und Stoffe aller Laster zum Vorschein.[3] Die über ihn als den Verführten verhängte Strafe war zwar geringer als die seines Verführers, den ewiger Fluch traf;[4] doch war sie groß genug, um für die Schuld seiner That zu zeugen. Seine Sünde zog ihm die Verletzung des göttlichen Ebenbildes in ihm zu, und in seine Natur drang das Gesetz der Sünde, d. i. die rebellische Concupiscenz der Sinnlichkeit gegen den Geist, infolge wovon er immer mehr in die Sünde verstrickt wurde.[5] Dem Leibe nach ward er sterblich.[6] Außerdem wurde er,

---

[1] Collat. V, 6: In illis enim passionibus etiam ipse (I. Chr.) temptari debuit incorruptam imaginem Dei ac similitudinem possidens, in quibus et Adam temptatus est, cum adhnc in illa inviolata Dei imagine perduraret. — Nec enim qui gastrimargiam vicerat, poterat fornicatione temptari, quae ex illius abundantia ac radice procedit, qua ne ille quidem primus Adam fuisset elisus, nisi ante generatricem eius passionem deceptus inlecebris diaboli recepisset.

[2] Ibid. VIII, 10.

[3] Instit. XII, 5: Haec est primae ruinae causa et origo principalis morbi, qui rursum per illum, qui fuerat a se deiectus, in protoplastum serpens infirmitates omnium vitiorum et materias germinavit; dum enim gloriam Deitatis arbitrii libertate et industria sua credidit se posse conquirere, etiam illam perdidit, quam adeptus fuerat gratia conditoris.

[4] Collat. VIII, 11.

[5] Collat. V, 6: In quibus (sc. passionibus gastrimargiae, cenodoxiae, superbiae Adam) post praevaricationem mandati imagine Dei ac similitudine violata suo iam vitio devolutus involvitur.

[6] Collat. XVIII, 16: Primus ille omnium venenorum auctor et princeps . . . priusquam in hominem mortis virus effunderet, ipse se perdidit: invidia enim diaboli mors introivit in orbem terrarum (Sap. 2, 24). — Ibid. VIII, 25: Diabolus in veritate non stetit, sed ab initio

zwar nicht durch seine, sondern der Erbe Verfluchung und ihre Un=
fruchtbarkeit zur Arbeit im Schweiße seines Angesichtes verurteilt.
Das Weib aber, das den Mann zur Sünde überredete, erhielt als
Strafe Vermehrung der Schmerzen bei der Geburt und die beständige
Herrschaft des Mannes über es.[1]

Adams Sünde erstreckte aber ihre Folgen auch auf das gesamte
von ihm abstammende Geschlecht. Durch die Übertretung des gött=
lichen Gebotes begaben sich unsere Stammeltern in die Knechtschaft
der Sünde und wurden deren Sklaven. Was anders nun als Sklaven
kann aus einer Sklavenehe hervorgehen?[2] Die Sünde Adams als
des Stammvaters des Geschlechtes wurde zur initialis causa der
Krankheit, die über ihn selbst gekommen war;[3] durch sie gereicht er
dem ganzen Geschlechte zum Ruine und Tode und zur Kondemnation.
Die Folge der Sünde Adams für sein Geschlecht ist mit einem Wort
die Erbsünde.[4]

Fragen wir, worein Cassian diese setzt, so nennt er den physischen
Tod[5] und die Concupiscenz. Was diese betrifft, so unterscheidet er

---

factus est homicida, vel Adam in condicionem mortalitatis inducens vel
Abel instigatione sua per manum fratris interimens.

[1] Ibid. VIII, 11.

[2] Ibid. XXIII, 12: Ille enim a serpente pretium libertatis suae esu
interdictae arboris capiens a naturali libertate discessit illique maluit semetipsum perpetua dedere servitute, a quo vetiti pomi letale pretium fuerat
adsecutus: qua deinceps condicione constrictus non immerito omnem posteritatis suae progeniem perpetuo eidem cuius effectus est servus subdidit
famulatu; quid enim aliud servile coniugium potest procreare quam servos?

[3] Ibid. V, 6.

[4] Collat. III, 7: Quem (sc. Adam) ab exordio nativitatis nostrae
secundum veterem hominem, quando eramus natura filii irae sicut
et ceteri (Ephes. 2, 3), patrem nobis fuisse meminimus etc. — Ibid.
XIII, 7: Si autem non omnes universaliter, sed quosdam vocat, sequitur ut
nec omnes sint onerati vel originali vel actuali peccato, nec vera sit illa
sententia Rom. 3, 23. 5, 12. — XXIII, 12: Oportebat enim, eius subolem
tamdiu sub avita condicione durare, quousque eam de originalibus
vinculis liberatam in antiquum libertatis statum prioris Domini gratia
pretio sui sanguinis reformaret.

[5] Collat. XIII, 7 (Fortsetzung der soeben citierten Stelle): Et in tantum
omnes qui pereunt contra Dei pereunt voluntatem, ut nec ipsam mortem

eine zweifache Concupiscenz. Die eine ist in den Bedürfnissen der menschlichen Natur begründet und daher berechtigt, weshalb wir uns über diese niemals hinwegsetzen können: mögen wir in der Bekämpfung der Sinnlichkeit, z. B. der Gastrimargie, noch so große Fortschritte machen, immer bleibt uns die Nahrung Bedürfnis, da es uns unmöglich ist, das, als was wir geboren sind, nicht zu sein.[1] Verschieden hiervon ist jene Concupiscenz, die zwar nicht ausschließlich — denn der Apostel nennt Gal. 5, 19 auch Geistessünden, die als solche instinctu animae solius entstehen, wie Feindschaft, Zorn und Häresieen, fleischlich — aber vorherrschend und speciell in der unwillkürlichen Rebellion des Fleisches gegen den Geist besteht.[2] Eben diese Concupiscenz, diesen Widerstreit des Fleisches gegen den Geist in der menschlichen Natur, den der Apostel Röm. 7, 14 ff. das Gesetz der Sünde nennt, ist eine Wirkung der Sünde Adams,[3] die sich ausnahmslos im ganzen Menschengeschlecht vorfindet.[4] Wegen dieser Allgemeinheit im Geschlechte nennt sie Cassian

---

Deus fecisse dicatur, ita scriptura testante: qui Deus mortem non fecit, nec gaudet in perditione vivorum (Sap. 1, 13).

[1] Collat. V, 19: Quantolibet spiritus ardore succensi heremum virtutum fuerimus ingressi, vicinitate ac ministerio gastrimargiae et quodammodo cotidiano eius commercio nequaquam carere poterimus. Semper enim in nobis edulii et escarum ut ingenitus ac naturalis vivet adfectus, licet amputare superfluos eius adpetitus ac desideria festinemus: quae sicut per omnia deleri non possunt, ita debent quadam declinatione vitari. — Mit Bezug auf Eph. 4, 31. 5, 3. 4 sagt er ibid.: possumus ergo horum quae naturae superinducta sunt radices abscidere vitiorum, usum vero gastrimargiae nequaquam valebimus amputare; non enim possumus, quantumlibet profecerimus, id non esse quod nascimur.

[2] Collat. V, 4: Licet beatus apostolus omnia vitia generaliter pronuntiaverit esse carnalia, siquidem inimicitias et iras atque haereses inter cetera carnis opera numeraverit, nos tamen ad illorum curationes atque naturas diligentius colligendas duplici ea divisione distinguimus; nam ex his quaedam dicimus esse carnalia, quaedam vero spiritalia; et illa quidem carnalia, quae specialiter ad fotum sensumque pertinent carnis, quibus illa ita delectatur ac pascitur, ut etiam quietas incitet mentes invitasque eas nonnumquam pertrahat ad suae voluntatis adsensum.

[3] Collat. XXIII, 11: Vere enim lex peccati est, quam humano generi praevaricatio sui induxit auctoris.

[4] Ibid.: Omne igitur humanum genus huic generaliter legi sine ulla exceptione subicitur.

natürlich: denn was allgemein und ohne Ausnahme in allen ist, das kann der menschlichen Substanz nur wie natürlich zugeteilt worden sein.¹ Damit will er aber keineswegs sagen, daß die Concupiscenz etwas Ursprüngliches im Menschen sei; man darf sie weder der menschlichen Natur an sich, noch Gott, ihrem Schöpfer, zuschreiben,² da nach der hl. Schrift (Eccles. 7, 29) Gott den Menschen recht schuf. Wenn Cassian diese Concupiscenz Christus als Menschen wegen seiner übernatürlichen Zeugung abspricht,³ so meint er nicht, daß sie uns wegen der natürlichen Zeugung an sich eigen sei. Denn wiederholt erklärt er, daß dieser Widerspruch der Sinnlichkeit gegen den Geist in der menschlichen Natur erst seit Adams Übertretung herrsche.⁴ Nur insofern kann sie also natürlich sein, als wegen der Sünde des Stammvaters die menschliche Natur im Momente ihrer Entstehung durch Zeugung mit ihr behaftet wird. Natürlich nennt Cassian ferner dieses in den Gliedern des Menschen herrschende Gesetz der Sünde, weil es allgemein als aktuell erscheint.⁵ Von seinem ethisch praktischen,

---

[1] Collat. IV, 7: Habes et hic (Gal. 5, 17) pugnam invisceratam quodammodo corpori nostro dispensatione Domini procurante; quidquid enim generaliter et sine aliqua exceptione omnibus inest, quid aliud iudicari potest nisi ipsi humanae substantiae post ruinam primi hominis velut naturaliter adtributum.

[2] Collat. VII, 4: Non ergo hanc evagationem cordis nostri vel naturae humanae vel Deo creatori eius debemus adscribere; vera est enim scripturae sententia, quia Deus fecit hominem rectum, et ipsi quaesierunt cogitationes multas.

[3] Collat. V, 5: I. Christus (Hebr. 4, 5) dicitur absque peccato, i. e. absque huius passionis contagio, nequaquam scilicet aculeos concupiscentiae carnalis expertus, quippe cui nulla inerat similitudo seminationis vel conceptionis humanae, ita rationem conceptus eius archangelo nuntiante: Luc. 1, 35.

[4] S. die vorhin Anmerkung 1 citierte Stelle aus Collat. IV, 7. Ferner ibid. V, 6 und 24: Voluntas Domini possessionem cordis nostri non vitiis, sed virtutibus naturaliter deputavit, quae post praevaricationem Adae insolescentibus vitiis, i. e. populis Chananaeis a propria regione depulsae cum ei rursum per Dei gratiam diligentia nostra ac labore fuerint restitutae, non tam alienas occupasse terras quam proprias credendae sunt recepisse.

[5] Collat. XXIII, 14: De his proprie hoc (sc. Rom. 7, 19 und 23) intellegi debere censemus, qui post Dei gratiam agnitionemque veritatis a

insbesondere asketischen Standpunkte aus prädiziert er die zunächst wegen der Sünde über den Menschen gekommene Concupiscenz für nützlich, da sie den Willen zum sittlichen Kampf auffordere.[1]

Aber auch in Bezug auf den gottebenbildlichen Geist war Adams Sünde von Folgen für sein Geschlecht begleitet. In intellektueller Beziehung ging die Adam zugekommene Kenntnis in der physischen Philosophie verloren. Diese vom Stammvater seinen Nachkommen treu überlieferte Wissenschaft hielt nur so lange an, als sie im Dienste der Gottesverehrung stand und zum Nutzen des gemeinsamen Lebens verwertet wurde. Als sie aber von den Söhnen Seths, des Gerechten, die sich mit Frauen aus der Nachkommenschaft Kains verbanden und durch die Sünden deren Väter korrumpieren ließen, auf Antrieb der Dämonen zu profanen und schädlichen Dingen, ja selbst zur Magie mißbraucht wurde, war es um die Reinheit dieser Kenntnis geschehen.[2]

Desgleichen litt auch die ethische Erkenntnis, die Wissenschaft vom natürlichen, dem Menschen angeborenen Gesetz not. Zwar kam die Kenntnis des Guten, die Adam ungeachtet seiner durch die Übertretung erlangten Kenntnis des Bösen nicht verloren ging, auch seinem

---

carnalibus se vitiis abstinere cupientes antiqua adhuc consuetudine velut naturali lege in membris suis violentissime dominante ad inolitam passionum concupiscentiam pertrahuntur; usus enim et frequentia delinquendi velut lex efficitur naturalis, quae membris humanae infirmitatis inserta adfectus animae necdum plenis virtutum studiis eruditae, sed adhuc rudis ac tenerae ut ita dixerim castitatis captivos rapit ad vitia, ac morti eos antiqua lege subiciens iugo peccati dominantis addicit, non sinens eos bonum quod diligunt puritatis adipisci, sed potius malum quod execrantur exercere conpellens.

[1] Collat. IV, 7 (Fortsetzung der vorhin S. 52 citierten Stelle): Et quod universis congenitum concretumque deprehenditur, quomodo non credendum sit arbitrio Domini non nocentis, sed consulentis insertum? — Ibid. c. 16: Essemus penitus absque remedio tepidi, utpote non habentes indicem neglegentiae nostrae vel in corpore nostro vel in conscientiis propriis insidentem, nec studeremus ad perfectionis umquam pervenire fervorem, sed ne frugalitatis quidem districtionem vel continentiae teneremus, nisi nos haec titillatio carnis increscens humiliaret atque retunderet et adversus spiritalium quoque vitiorum purgationem sollicitos redderet et intentos.

[2] Collat. VIII, 21, 6—8.

ganzen Geschlechte zu,¹ und noch geraume Zeit blieb dieselbe im Geschlechte lebendig. Alle Heiligen in dieser Periode lebten darnach. So mußte z. B. Abel nur durch das natürliche Gesetz, da es ja noch kein positives durch Moses gab, daß er von den Erstlingen seiner Herde und ihrem Fette Gott opfern solle (Genes. 4, 4), und nur durch es hatte Noe Kenntnis von dem Unterschied zwischen reinen und unreinen Tieren.² Auch später noch begegnen wir diesem natürlichen ethischen Bewußtsein. Könnte der Mensch nach der Sünde nicht durch natürliche Einsicht (iudicio naturali) unterscheiden, was billig und recht (aequum) ist, so konnte der Herr nicht die Pharisäer mit den Worten anlassen (Luk. 12, 57): Warum urteilt ihr nicht aus euch selbst, was gerecht ist?³ Allein je mehr seit den Sethiten die Sünde zunahm, desto mehr wurde diese natürliche Kenntnis des Gesetzes getrübt, wurden die natürlichen Tugendsamen durch die Concupiscenz erstickt,⁴ und ward das positive, das mosaische Gesetz Bedürfnis und daher zur Hilfe gegeben (Jes. 8, 20), damit das Gut jener Erkenntnis nicht gänzlich getilgt würde und der Vergessenheit anheimfalle.⁵

Wie auf die Intelligenz, so hatte Adams Fall auch Einfluß auf

---

[1] Collat. XIII, 12: Concepit Adam post praevaricationem quam non habuerat scientiam mali, boni vero quam acceperat scientiam non amisit; denique non amisisse humanum genus post praevaricationem Adae scientiam boni etiam apostoli sententia evidentissime declaratur Rom. 2, 14—16.

[2] Ibid.   [3] Ibid.

[4] Ibid. XXIII, 11: Haec (Genes. 3, 17—19), inquam, est lex membris omnium inserta mortalium, quae repugnat legi mentis nostrae eamque a divino arcet intuitu, quaeque maledicta terra in operibus nostris post agnitionem boni ac mali cogitationum spinas coepit ac tribulos germinare, quarum aculeis naturalia virtutum semina praefocantur.

[5] Ibid. VIII, 23: Sed quia haec (scientia legis quam Deus hominem creans naturaliter ei inseruit) ut diximus penitus corrupta iam fuerat libertate usuque peccandi, velut huius executor ac vindex et ut ipsis scripturae verbis eloquar adiutrix adposita est Moysaicae legis severa districtio, ut vel metu poenae praesentis non penitus bonum scientiae naturalis extinguerent, secundum prophetae sententiam dicentis: legem dedit in adiutorium (Ies. 8, 20); quae etiam secundum apostolum paedagogus velut parvulis data fuisse describitur, erudiens scilicet eos atque custodiens, ne ab illa disciplina in qua naturaliter fuerant instituti quadam oblivione discederent.

den Willen. Indem nämlich Adam das göttliche Gebot übertrat, wich er von der natürlichen Willensfreiheit ab,[1] die ihm ja von Gott, obwohl er dies konnte, aber nicht sollte, nicht zum Sündigen, sondern zum Thun des Guten beschieden war,[2] und brachte er nicht bloß sich, sondern auch sein Geschlecht in die Knechtschaft der Sünde.[3] Seitdem nämlich ist der Wille geschwächt und teils aus Unkenntnis des Guten, teils aus Lust an den Leidenschaften der Concupiscenz zur Sünde sehr geneigt, der er auch verfällt.[4] Doch ist seine Wahlfreiheit nicht aufgehoben, auch jetzt noch besitzt der Mensch die libertas arbitrii in quamlibet partem.[5] Daher steht sowohl die Zurückweisung als die Wahl der überflüssigen Gedanken, deren Ursprung in uns nicht von uns abhängt, weil sie ohne unser Wollen und Wissen uns beschleichen, und von denen es daher unmöglich ist, nicht gestört zu werden, doch bei uns und hängt ihre Qualität von uns ab.[6] Auch gegenüber den Angriffen der bösen Geister ist unser Wille frei; wenn unser Wider=

---

[1] Collat. XXIII, 12: Ille enim a serpente pretium libertatis suae esu interdictae arboris capiens a naturali libertate discessit illique maluit semet ipsum perpetua dedere servitute, a quo vetiti pomi letale pretium fuerat adsecutus: qua deinceps condicione constrictus non immerito omnem posteritatis suae progeniem perpetuo eidem cuius effectus est servus subdidit famulatu.

[2] Collat. V, 24: Voluntas Domini possessionem cordis nostri non vitiis, sed virtutibus naturaliter deputavit.

[3] S. die soeben citierte Stelle aus XXIII, 12 Anm. 1.

[4] Collat. III, 12: Nostrum arbitrium proclivius vel ignoratione boni vel oblectatione passionum fertur ad vitia. — Ibid.: Nullus iustorum sibi sufficit ad obtinendam iustitiam, nisi per momenta singula titubanti ei et conruenti fulmenta manus suae subposuerit divina clementia, ne prostratus intereat penitus, cum fuerit liberi arbitrii infirmitate conlapsus.

[5] Collat. XIII, 12: Adiacere autem homini in quamlibet partem arbitrii libertatem etiam liber ille qui dicitur Pastoris apertissime docet, in quo duo angeli unicuique nostrum adhaerere dicuntur, i. e. bonus ac malus, in hominis vero optione consistere, ut eligat quem sequatur; et idcirco manet in homine liberum semper arbitrium, quod gratiam Dei possit vel neglegere vel amare; non enim praecepisset apostolus dicens: cum metu et tremore vestram salutem operamini (Phil. 2, 12), nisi scisset, eam vel excoli a nobis posse vel neglegi.

[6] Collat. I, 16. 17. 18. VII, 4.

sacher, der Teufel, die Macht hat, uns zur Sünde zu reizen, so haben wir in dem freien Willen das Vermögen, ihm Widerstand zu leisten; nur wer ihm die Zustimmung seines Willens gewährt, kann von ihm verführt werden.[1] Diese Wahlfreiheit des Willens faßt Cassian als äquilibristische Indifferenz auf, wenn er den Willen zwischen der Concupiscenz der Sinnlichkeit gegen den Geist und anderseits des Geistes gegen das Fleisch eine mittlere d. i. indifferente Stellung einnehmen läßt, die er freilich als tadelnswert bezeichnet.[2] Man dürfe daher, folgert er, nicht alle Verdienste der Heiligen so auf den Herrn zurückführen, daß man der menschlichen Natur nur, was böse und verkehrt ist, zuschreibt.[3] Hat doch Gott den Menschen nicht so erschaffen, daß er das Gute weder kann noch will; hätte Gott ihm nur das Können und Wollen des Bösen, nicht aber auch des Guten von sich selbst aus eingeräumt, so hätte er ihm nicht den freien Willen gegeben.[4] Besaß Adam und sein Geschlecht nach Aussage der Schrift auch nach dem Sündenfall nicht bloß die Kenntnis des Bösen, sondern auch des Guten, so kam ihnen auch das Vermögen des letzteren zu. Denn sonst wäre der Mensch velut quoddam inrationabile atque insensatum animal gebildet worden.[5]

Im Zusammenhang mit der Lehre, daß dem Menschen auch nach der Sünde noch die Wahlfreiheit des Willens, d. i. nicht bloß das Vermögen des Bösen, sondern auch des Guten eigne und das natürliche Sittengesetz immanent sei, steht es, wenn Cassian nachdrücklich

---

[1] Ibid. VII, 8.

[2] Collat. IV, 12: Inter has igitur utrasque concupiscentias animae voluntas in meditullio quodam vituperabiliore consistens nec vitiorum flagitiis oblectatur nec virtutum doloribus adquiescit, sic quaerens a passionibus temperare carnalibus, ut nequaquam velit dolores necessarios sustinere, sine quibus desideria spiritus nequeunt possideri.

[3] Ibid. XIII, 12: Unde (sc. wegen der dem Menschen zukommenden possibilitas boni) cavendum nobis est etc. S. das Citat S. 27 Anm. 4.

[4] Ibid.: Nec enim talem Deus hominem fecisse credendus est, qui nec velit umquam nec possit bonum; alioquin nec liberum ei permisit arbitrium, si ei tantummodo malum ut velit et possit, bonum vero a semet ipso nec velle nec posse concessit.

[5] Ibid.

hervorhebt, daß der Seele die vom Schöpfer natürlich eingepflanzten Samen der Tugenden innewohnen.[1]

Cassians Mahnung, daß man sich hüten müsse, die Verdienste der Heiligen so auf Gott zurückzubeziehen, daß der menschlichen Natur nur die Sünde zukomme, ist gegen Augustins Behauptung gerichtet, daß durch die Sünde der freie Wille verloren worden,[2] und daß derselbe zum Bösen hinreiche, zum Guten aber zu schwach sei.[3] Cassian meinte nämlich, nach Augustin sei der natürliche Wille als Vermögen des Guten durch die Sünde abhanden gekommen und könne er überhaupt nur sündigen. Allein diese Auffassung beruht auf einem Mißverständnis, das freilich vom Cassianischen Standpunkte aus er= klärlich ist. Augustin versteht unter der durch die Sünde in Verlust geratenen Willensfreiheit die von Gott durch Gnade hervorgerufene, also moralische Freiheit, die den Menschen befähigt für eine auf das ewige Leben gerichtete, d. i. übernatürliche Wirksamkeit: seitdem durch die Sünde dem freien Willen die Gnade abhanden gekommen, vermag er nichts mehr zu thun, was in Beziehung zum ewigen Leben steht, reicht er in diesem Zustande nur zur Sünde hin.[4] Den natürlichen Willen als gottebenbildliche Kraft schreibt Augustin dem Menschen

---

[1] Collat. XIII, 12: Dubitari non potest, inesse quidem omni animae naturaliter virtutum semina beneficio creatoris inserta. — Vergl. XXIII, 11.

[2] Enchirid. c. 12, 20: Sicut enim qui se occidit, utique vivendo se occidit, sese occidendo non vivit, nec se ipsum poterit resuscitare cum occiderit: ita cum libero peccaretur arbitrio, victore peccato amissum est liberum arbitrium.

[3] De corrept. et gr. 11, 31: Nec ipsum (primum hominem) Deus esse voluit sine sua gratia, quam reliquit in eius libero arbitrio; quoniam liberum arbitrium ad malum sufficit, ad bonum autem pa- rum est.

[4] Contra duas epp. Pelagianor. l. I, 2, 5: Quis autem nostrum dicat, quod primi hominis peccato perierit liberum arbitrium de humano genere? Libertas quidem periit per peccatum, sed illa quae in paradiso fuit, habendi plenam cum immortalitate iustitiam, propter quod natura humana divina indiget gratia, dicente Domino: Si vos filius liberaverit, tunc vere liberi eritis (Ioann. 8, 36): utique liberi ad bene iusteque vivendum. Nam liberum arbitrium usque adeo in peccatore non periit, ut per illud peccent, maxime omnes qui cum delectatione peccant et amore peccati, hoc eis placet quod eis libet. — Conf. de corrept. et gr. c. 11.

auch nach dem Verlust der Gnade zu, und zwar nicht bloß als spontanes Vermögen, sondern als wahlfreies, als Vermögen wie des Bösen, so auch des (natürlich) Guten.[1]

Wie man aus vorstehenden Nachweisen ersieht, faßt Cassian die zugegebene Erbsünde nicht als eigentliche Erbsünde und daher auch nicht als Erbschuld, sondern bloß als Erbstrafe auf, wie sein Lehrer Chrysostomus (zu Röm. 5, 19, homil. X, 2. 3). Wenn daher Prosper (ep. ad Aug. 3) als Lehre der Massilienser angiebt, omnem hominem Adam peccante peccasse, und Hilarius (ep. ad Aug. 2) von ihnen sagt, consentiunt omnem hominem periisse, so kann damit nicht mehr ausgesprochen sein, als daß die Massilienser im Gegensatz zu den Pelagianern eine ursächliche Beziehung der Sünde Adams zu seinem Geschlechte anerkennen, die darin besteht, daß durch sie alle vor Gott straffällig sind.[2]

---

[1] De spirit. et litter. c. 28 nr. 48: Non usque adeo in anima humana imago Dei terrenorum affectuum labe detrita est, ut nulla in ea velut lineamenta extrema remanserint, unde merito dici possit etiam in impietate vitae suae facere aliqua legis vel sapere; si hoc est quod dictum est, quia gentes, quae legem non habent, h. e. legem Dei, naturaliter quae legis sunt faciunt, et quia huiusmodi homines ipsi sibi sunt lex, et scriptum opus legis habent in cordibus suis (Rom. 2, 14), i. e. non omni modo deletum est, quod ibi per imaginem Dei cum crearentur impressum est. — Wenn Augustin (de Genesi ad litter. VI, 27) von dem Verluste des göttlichen Ebenbildes durch die Sünde redet (hanc imaginem in spiritu mentis impressam perdidit Adam per peccatum), so ergiebt sich schon aus der Beziehung dieser Worte auf Koloss. 3, 9. 10, daß er nicht das Ebenbild in seiner reinen Kreatürlichkeit, sondern das durch die heiligende Gnade geweihte Bild meint, worauf auch die Retraktation dieser Stelle lautet: Non sic accipiendum est, tamquam in eo (Adam) nulla remanserit, sed quod tam deformis, ut reformatione opus haberet (Retract. II, 24, 2).

[2] Prosper weist auf diesen Punkt hin contra collator. 9, 4: Vult persuadere, quod tantum sanum sit in Adae posteris liberum arbitrium, quam in Adam fuit ante peccatum: quod satis alienum a catholica fide ducimus. Quid enim peccato laesum est, si id laesum non est, unde peccatum est? Nisi forte dicatur in Adae posteris poenam transisse, non culpam, quod omni modo falso dicitur etc.

8.

Ist dem Menschen ungeachtet der Sünde seines Stammvaters der freie Wille verblieben, und hat dieser mit der hierzu notwendigen Gnade das Heil zu wirken, so muß man fragen, wie diese beiden Faktoren mit einander das Heil wirken und wie sonach Cassian das Verhältnis beider zu einander bestimmt. Beide sind, antwortet Cassian, mit einander so innig gemischt und geeinigt, daß manche die wichtige Frage erheben, welcher der beiden Faktoren den anderen bedinge, d. h. ob unser guter Wille der Grund sei, warum Gott sich unser erbarme, oder ob auf das göttliche Erbarmen der Anfang des guten Willens folge. Das eine oder das andere zu behaupten, sei ein Irrtum. Schreibe man nämlich den Anfang des guten Willens allgemein dem Menschen zu, so stehe dem die Art und Weise der Bekehrung der Apostel Paulus und Matthäus entgegen, von denen jener, obwohl ein Verfolger der Kirche Christi, dieser, obgleich ein übervorteilender Zöllner, zum Heile geführt wurde. Mache man aber den Anfang des guten Willens ausschließlich von Gottes Gnade abhängig, so stimme dies nicht mit dem Modus der Bekehrung des Zachäus und des Schächers am Kreuze, von denen der erste durch seinen Glauben, der andere durch sein Verlangen der speciellen Berufung zum Heile zuvorkam. Und wolle man die Vollendung der Tugenden und die Befolgung der göttlichen Gebote unserm Willen zuschreiben, so käme man in Widerspruch mit der heiligen Schrift (Ps. 67, 29. 89, 17 u. a. St.).[1]

Gnade und Freiheit widersprechen sich aber auch nicht, stehen vielmehr in Harmonie mit einander; beide müsse man daher annehmen, und keinen der beiden Faktoren dürfe man auf Kosten des andern geltend machen, weil hierdurch die kirchliche Glaubensregel verletzt würde.[2]

Wie nun Cassian diese grundsätzlich behauptete concordia zwischen den beiden Heilsfaktoren glaubt nachweisen zu können, ist im Obigen schon klar angedeutet. Ist unser guter Wille nicht der ausschließliche Grund, warum sich Gott unser erbarmt, aber auch das göttliche Erbarmen nicht der ausschließliche Grund unseres guten Willens, so

---

[1] Collat. XIII, 11.   [2] Ibid.

kommt es zum Anfang des Heilsprozesses bei den einen dadurch, daß die Gnade dem Willen vorausgeht, bei dem andern Teil aber, indem der gute Wille der Gnade vorangeht.

Bei der Darstellung der zuerst erwähnten Weise der Einleitung und Verwirklichung des Heilsprozesses geht Cassian wie Augustin[1] von dem bereits erwähnten Grundsatz aus, daß in dieser Welt nichts ohne Gott, alles vielmehr durch seinen Willen geschehe, das Gute durch seinen positiven, das Böse durch seinen zulassenden Willen.[2] Demgemäß beruht ihm des Menschen Heil in seinem ersten Anfang auf der Gnade Gottes. Durch sie und nicht etwa auf Grund vorausgehender Willensverdienste erfolgt die Berufung,[3] mag sie unmittelbar von Gott ausgehen, oder mittelbar durch den Menschen oder ex necessitate veranlaßt werden.[4] Zwar stützen sich von diesen drei Arten der Berufung die zwei ersten auf bessere Principien und haben sie daher den Vorzug vor der dritten; allein dieser Unterschied ist nicht von wesentlichem Belang für den Erfolg, da es auf das Ende resp. auf das nachfolgende Willensverhalten des Berufenen ankommt. Was nützte es Judas, unmittelbar durch den Herrn zu demselben Apostolat wie Petrus und die übrigen Apostel mit seinem Willen berufen worden zu sein, da er nachher aus schnöder Geldgier seinen Meister verriet? Paulus aber hat es nichts geschadet, daß er plötzlich gleichsam wie wider seinen Willen (velut invitus) auf den Weg des Heiles geführt wurde; denn was bei ihm mit Notwendigkeit begonnen wurde, hat er nachher mit freiwilliger Ergebung (voluntaria devotione) zum glorreichen Ende geführt.[5]

Auf der Gnade beruht sodann die auf die Berufung folgende und sich an sie anschließende subjektive Aktualität selbst in ihrem allerersten Anfang. Nicht bloß die guten, auf das Heil gehenden Akte, sondern auch der gute Wille und die guten Gedanken kommen

---

[1] De dono persever. c. 6, 12.
[2] Collat. III, 20.
[3] Ibid. I, 25: Vocationem, qua nos nullis praecedentibus meritis gratia adscivit. — III, 10: Et initium salutis nostrae Domini vocatione fieri.
[4] S. hierüber oben S. 34. 35.
[5] Ibid. III, 5.

von Gott,¹ ja selbst die Sehnsucht nach dem, was gut ist, ist dem Menschen ohne Gnade nicht möglich.²

Demgemäß ist auch der erste, den Rechtfertigungsprozeß einleitende Akt, der Glaube, sowie die an ihn sich anschließende Bekehrung Werk der Gnade.³ Daß der Glaube, wie alles, was sich auf das Heil bezieht, nicht selbsteigene That unseres Willens, sondern ein göttliches Gnadengeschenk ist, sei, fügt Cassian bei, schon die Überzeugung der Apostel gewesen, wie aus Luk. 17, 5 erhelle, wo sie den Herrn um Mehrung des Glaubens bitten. Daß unser Glaube schlüpfrig und schwach sei und sich keineswegs genüge, lehre der Urheber des menschlichen Heiles, wenn er nach Luk. 22, 31. 32 für Petrus betet, daß sein Glaube nicht aufhöre. Und Mark. 9, 23 bitte einer im Bewußtsein, daß der auf seine Kräfte oder den freien Willen sich stützende Glaube der Gefahr des Schiffbruches ausgesetzt sei, den Herrn um Erhaltung und Bewahrung seines Glaubens.⁴

---

[1] Collat. XIII, 3: Non solum actuum, verum etiam cogitationum bonarum ex Deo esse principium, qui nobis et initia sanctae voluntatis inspirat et virtutem atque opportunitatem eorum quae recte cupimus tribuit peragendi. — III, 19: Et initium voluntatis bonae nobis Domino inspirante concedi, cum aut per se aut per exhortationem cuiuslibet hominis aut per necessitatem nos ad salutis adtrahit viam.

[2] Collat. XIII, 6: Quae omnia sicut desiderari a nobis iugiter absque divina inspiratione non possunt, ita nec perfici quidem sine eius auxilio ullatenus queunt. — Ibid. c. 17: . . . nunc vero etiam ipsius sancti desiderii inspirare principia et vel initium boni operis vel perseverantiam condonare. — Ibid. c. 18: Universitatis Deum . . . secundum apostolum (1. Cor. 12, 11) indifferenter omnia in omnibus operari et nunc quidem salutis inspirare principia et inserere unicuique bonae voluntatis ardorem. — Ibid. 18, 4: Divini esse muneris primum ut accendatur unusquisque ad desiderandum omne quod bonum est.

[3] Collat. III, 15: Hic (sc. Philipp. 1, 29) quoque et initium conversionis ac fidei nostrae et passionum tolerantiam donari nobis a Domino declarat.

[4] Mit Bezug auf obige Bibelstellen heißt es Collat. III, 16: In tantum itaque senserunt evangelici et apostolici viri universa quae bona sunt auxilio Domini consummari, et ne ipsam quidem fidem suam confisi sunt inlaesam se posse suis viribus vel arbitrii libertate servare, ut hanc vel adiuvari in se vel donari sibi a Domino postularent; quae si in Petro ne deficeret Domini egebat auxilio, quis erit tam praesumptor et caecus, qui se erga huius custodiam cotidiano Domini credat adiutorio non egere?

Um in den Besitz der Gnade zu gelangen, ist von seiten des Willens ein affirmatives Verhalten nicht unbedingt erforderlich. Gott flößt seine Gnade auch Unwürdigen ein und ruft Saumselige und Nachlässige zur Heilsthätigkeit auf.[1] Ja wiederholt lehrt Cassian, daß Gott solche, die widerstreben, berufe und sie wider ihren Willen zum Heile ziehe, und so ihrem Willen die Gelegenheit entziehe, die Sünde, nach der sie gelüsten, zu vollbringen,[2] denn Gott sei nicht bloß suggestor, sondern auch fautor atque impulsor des Guten.[3]

Nicht bloß der Anfang, sondern auch die Vollendung des Heiles ist Werk der Gnade. Unzählige Male, z. B. unter Berufung auf Pf. 67, 29, schärft er ein, daß die durch Gottes Geschenk erteilten Anfänge des Heiles für sich nicht genügen, wenn sie nicht durch dieselbe Barmherzigkeit und durch tägliche Unterstützung zur Vollendung

---

[1] Collat. IV, 5 heißt es mit Bezug auf Rom. 9, 16: Quae gratia nonnumquam e contrario neglegentes ac resolutos inspiratione hac qua dicitis sancta et abundantia spiritalium cogitationum visitare non renuit, sed inspirat indignos, exsuscitat dormitantes et inluminat ignorantiae caecitate possessos clementerque nos arguit atque castigat infundens se cordibus nostris, ut vel sic de inertiae somno conpunctione ipsius instigati consurgere provocemur.

[2] Ibid. XIII, 8: Et non solum sancta desideria benignus inspirat, sed etiam occasiones praestruit vitae et opportunitatem boni effectus ac salutaris viae directionem demonstrat errantibus. — C. 9: Unde non facile humana ratione discernitur, quemadmodum Dominus petentibus tribuat, a quaerentibus inveniatur aperiatque pulsantibus, et rursus inveniatur a non quaerentibus se, palam adpareat inter illos qui eum non interrogabant, et tota die expandat manus suas ad populum non credentem sibi et contradicentem, resistentes ac longe positos vocet, invitos adtrahat ad salutem, peccare cupientibus explendae copiam subtrahat voluntatis, ad nequitiam properantibus benignus obsistat.

[3] Ibid. VII, 8: Bonarum rerum non tantum suggestor, sed etiam fautor atque impulsor est Deus, ita ut nonnumquam nos etiam invitos et ignorantes adtrahat ad salutem. — XIII, 17: Orantes non solum protectorem ac salvatorem, sed etiam adiutorem ac susceptorem Dominum proclamamus; in eo enim quod prior advocat et ignorantes nos atque invitos adtrahit ad salutem, protector atque salvator est, in eo autem quod adnitentibus nobis opem ferre refugientesque suscipere ac munire consuevit, susceptor ac refugium nominatur.

geführt werden.¹ Namentlich gilt die Notwendigkeit der vollendenden
Gnade von der Keuschheit.² Zur Vollkommenheit der höchsten Selig=
keit gelangen wir nur durch die Gnade;³ und selbst dies zu wissen,
ist Sache der Gnade.⁴

Mit der Behauptung, daß dem freien Willen, der es für sich
zu nichts bringt, wie zum Anfang so auch zur Vollendung des Heils=
werkes die Gnade unbedingt notwendig sei, sollte der freie Wille nicht
beseitigt und seine Bemühung um das Heil nicht für vergeblich erklärt,
sondern bloß die traditionelle Lehre der Vorfahren eingeschärft werden,
daß dem freien Willen des Menschen täglich und stündlich der Bei=
stand der Gnade zu seiner Heilswirksamkeit notwendig sei.⁵ Gleich=

---

¹ Collat. III, 15: Non sufficere sibi salutis principia dono Dei gra-
tiaque conlata, nisi fuerint eadem miseratione ipsius et cotidiana opitulatione perfecta.

² Ibid. XIII, 6: Licet in multis, immo in omnibus possit ostendi
semper auxilio Dei homines indigere nec aliquid humanam fragilitatem
quod ad salutem pertinet per se solam, i. e. sine adiutorio Dei posse perficere, in nullo tamen evidentius quam in adquisitione atque custodia
castitatis ostenditur.

³ Ibid. III, 10: Quemadmodum inspiratione Domini provocati ad viam
salutis adcurrimus, ita etiam magisterio ipsius et inluminatione deducti ad
perfectionem summae beatitudinis pervenimus.

⁴ Instit. XII, 33: Nihil nosmet ipsos absque illius opitulatione vel
gratia, quod ad virtutum consummationem pertinet, posse perficere cogno-
scamus, sed et hoc ipsum, quod intellegere meruimus, eius esse muneris
in veritate credamus.

⁵ Instit. XII, 14: Nec hoc dico ut humanos conatus evacuans ab industria et laboris intentione quemquam revocare contendam, sed plane
constantissime non mea, sed seniorum sententia definio perfectionem quidem
sine his omnino capi non posse, his autem solis sine gratia Dei posse eam a
nemine consummari; ut enim dicimus conatus humanos adprehendere eam
per se ipsos non posse sine adiutorio Dei, ita pronuntiamus laborantibus
tantum ac desudantibus misericordiam Dei gratiamque conferri et, ut verbis
apostoli loquar, volentibus et currentibus inpertiri secundum illud Ps. 88, 20.
Collat. III, 15: Haec autem dicimus, non ut studium nostrum vel laborem
atque industriam quasi inaniter et superfluo inpendenda vacuemus, sed ut
noverimus nos sine auxilio Dei nec adniti posse nec efficaces nostros esse
conatus ad capessendum tam inmane praemium puritatis, nisi nobis adiutorio Domini ac misericordia fuerit contributum. Prov. 21, 31 (LXX). —
Collat. III, 22: Nos enim per haec quae protulimus non liberum arbitrium

wohl äußerte Germanus, der an den Unterredungen teilnahm, Bedenken gegen diese Gnadenlehre. Es sei absurd, meinte er, die Vollkommenheit der Tugend, namentlich die Herzensreinheit, nicht dem freien Willen, der sich um sie bemüht, zuzuschreiben; sei es doch ungereimt, wenn man dem Landmann, der unablässig seine Mühe der Bebauung der Erde widmet, als Sold seiner Arbeit nicht auch die Frucht derselben zueignen wollte. Allein, lautet die Entgegnung, gerade das vom Landmann hergenommene Beispiel beweise, daß der freie Wille ohne Gnade nichts vollbringen könne. Denn wie die Arbeit des Landmannes vergeblich sei, wenn sie nicht vom Regen und Sonnenschein begünstigt und von Gott beschützt werde, so sei auch alle Bemühung zur Erlangung der Vollkommenheit unwirksam und umsonst, wenn nicht Gottes Gnade sie schütze und segne. Und wie der Landmann, obwohl er im Schweiße des Angesichts arbeiten muß, dennoch die Ernte nicht seiner Mühe, sondern dem Segen des Himmels zuschreibe, so führe auch der Christ resp. der Mönch seine sittliche Vollkommenheit nicht auf seinen freien Willen, der nicht fehlen darf, sondern auf Gottes Gnade als ihre Ursache zurück.[1]

Aber, fragt Germanus einwendend weiter, was bleibt dem freien Willen noch, und wie kann von Lobenswürdigkeit unserer Thätigkeit die Rede sein, wenn Gott in uns alles, was sich auf unsere Vollkommenheit bezieht, sowohl anfängt als zur Vollendung bringt?[2] Weil an jedem Heilswerk, lautet die Antwort, nicht bloß Anfang und Ende, sondern auch die Mitte zu unterscheiden ist, haben wir die Pflicht, von den uns durch Gott in verschiedener Weise dargebotenen Gelegenheiten des Heiles entweder einen eifrigeren oder gelinderen Gebrauch zu machen, wobei wir aber der Mitwirkung Gottes bedürfen.[3] Während also der Anfang und die Vollendung des Heils-

---

hominis volumus submovere, sed huic adiutorium et gratiam Dei per singulos dies ac momenta necessariam comprobare.

[1] Collat. XIII, 2. 3.

[2] Ibid. III, 11: In quo ergo liberum consistit arbitrium nostraeque quod laudabiles sumus reputatur industriae, si Deus in nobis omnia quae ad nostram perfectionem pertinent et incipit et consummat?

[3] Ibid. 12: Hoc vos recte movisset, si in omni opere vel disciplina principium tantum esset ac finis et non etiam quaedam medietas interesset; itaque sicut occasiones salutis diversis modis Deum cognoscimus

wertes alleinige Sache Gottes ist, ist die in der Mitte sich bewegende und auf das Ende gerichtete Thätigkeit des Menschen nicht bloß Sache seines freien Willens, sondern zugleich der Gnade (gr. cooperans).[1]

Endlich meinte Germanus, vorstehende Gnadenlehre führe konsequent zur Vernichtung des freien Willens und zur Leugnung der Tugenden der Heiden. Ist nämlich der Mensch nach ihr tugendhaft nur durch die Gnade, so kann bei den Heiden, denen die göttliche Gnade nicht zukam und deren freier Wille sonach gefangen war, nicht von Tugenden die Rede sein. Und doch haben sich viele unter ihnen nach dem Zeugnis der Geschichte nicht bloß durch Mäßigkeit und Geduld, sondern, was mehr zu bewundern ist, selbst durch Keuschheit ausgezeichnet.[2] Dieser Einwurf wird (von Chäremon) mit der Erklärung zurückgewiesen, daß die Tugenden der Heiden keine wahren seien und den christlichen, die ein Geschenk der Gnade seien, nicht gleichgesetzt werden dürfen; insbesondere beziehe sich die Keuschheit der Heiden bloß auf den Körper und bestehe nur in der Enthaltung von der äußeren That, sei daher nur eine äußerliche, nicht aber wie die

---

operari, ita nostrum est, occasionibus a Divinitate concessis vel enixius vel remissius famulari ... certos tamen esse nos convenit, quod omnem virtutem indefessis conatibus exercentes nequaquam diligentia vel studio nostro perfectionem possimus adtingere nec sufficiat humana sedulitas laborum merito ad tam sublimia beatitudinis praemia pervenire, nisi ea Domino nobis cooperante et cor nostrum ad id quod expedit dirigente fuerimus indepti. — Conf. ibid. c. 19.

[1] Instit. XII, 16: Igitur secundum traditiones et institutiones eorum sic ad eam (sc. puritatem cordis) festinare debemus ieiuniis, vigiliis, orationibus, contritioni cordis et corporis operam dantes, ne haec omnia morbo hoc inflante vacuemus etc. S. den Verfolg der Stelle S. 16 Anm. 4.

[2] Collat. XIII, 4: Huic sensui, cuius pietas abrupte a nobis non potest improbari, illud videtur obsistere quod ad destructionem liberi tendit arbitrii; nam cum multos gentilium, qui utique divini adiutorii gratiam non merentur, non solum frugalitatis atque patientiae, sed, quod magis mirum est, etiam castitatis videamus fulgere virtutibus, quomodo captivato liberae voluntatis arbitrio Dei munere conlatae illis fuisse credendae sunt, cum utique mundanae sapientiae sectatores non solum Dei gratiam, sed ipsum etiam verum Deum penitus ignorantes, quantum vel serie lectionis vel quorumdam traditione cognovimus, summam castimoniae puritatem proprii laboris industria possedisse dicantur?

Wörter, Beiträge.

wahre christliche zugleich eine innere des Geistes, wovon den Heiden selbst der Begriff fehlte.¹

So wesentlich und notwendig dem Willen zum Thun des Heilsguten die anfangende und vollendende, die mitwirkende und zum Bestand im Guten erforderliche Gnade der Verharrung ist, und so wenig er ohne sie etwas, was sich auf das Heil bezieht, zu wirken vermag, so bleibt ihm doch die Freiheit nach beiden Seiten des Guten und Bösen, d. i. die Wahlfreiheit ungeschmälert gewahrt.² Bei denen, welche Gott wider ihren Willen auf den Weg des Heiles zieht, wäre die Gnade gleichwohl nicht unwiderstehlich. Übrigens giebt Cassian selbst die im Willen die Annehmlichkeit des Guten hervorrufende und die Liebe zu ihm bis zur Verzückung steigernde Gnade zu.³

---

¹ Ibid. c. 5: ... quid de his (gentilibus) teneamus advertite. Primum philosophos nequaquam credendum est talem animi castitatem qualis a nobis exigitur adsecutos, quibus iniungitur ut non solum fornicatio, sed ne immunditia quidem nominetur in nobis; habuerunt autem illi quandam μερικήν, h. e. portiunculam castitatis, i. e. abstinentiam carnis, ut tantum a coitu libidinem coercent: hanc autem internam mentis ac perpetuam corporis puritatem non dicam opere adsequi, sed nec cogitatione potuerunt. — Collat. XXI, 36 heißt es sogar: In hac visibili carnis continentia perfectionis plenitudinem non inesse, quae haberi vel per necessitatem vel per hypocrisin etiam ab infidelibus potest, sed in illa cordis voluntaria et invisibili puritate, quam beatus apostolus ita praedicat: Rom. 2, 28. 29.

² Collat. XIII, 18: Hoc ab omnibus catholicis patribus definitur, qui perfectionem cordis non inani disputatione verborum, sed re atque opere didicerunt, divini esse muneris primum ut accendatur unusquisque ad desiderandum omne quod bonum est, sed ita ut in alterutram partem plenum sit liberae voluntatis arbitrium: itemque etiam secundum divinae esse gratiae, ut effici valeant exercitia praedicta virtutum, sed ita ut possibilitas non extinguatur arbitrii: tertium quoque ad Dei munera pertinere, ut adquisitae virtutis perseverantia teneatur, sed ita ut captivitatem libertas addicta non sentiat, sic enim universitatis Deus omnia in omnibus credendus est operari, ut incitet, protegat atque confirmet, non ut auferat quam semel ipse concessit arbitrii libertatem.

³ Collat. IV, 5: Denique frequenter etiam odoribus ultra omnem suavitatem compositionis humanae in his ipsis subito visitationibus adimplemur, ita ut mens hac oblectatione resoluta in quemdam spiritus rapiatur excessum seque conmorari obliviscatur in carne. —

Nach der bis jetzt dargelegten Lehre Cassians ist das Heil ganz Werk der Gnade, da Gott alles in allem wirkt dadurch, daß er den Menschen zur Heilsthätigkeit anregt, ihn schützt und darin befestigt, jedoch ohne die ihm einmal verliehene Willensfreiheit aufzuheben. Da aber der freie Wille mit der Gnade, sobald sie erteilt ist, bis zur Vollendung ihres Werkes mitthätig zu sein hat, so ist das Heilsgute auch ganz sein Werk. Wie aber beide so zusammenwirken, dies, sagt Cassian, lasse sich durch unsere Vernunft nicht begreifen.[1]

Diese Auffassung von dem einheitlichen Zusammenwirken der Gnade und des freien Willens beruht auf dem Begriffe der Gnade als operans, die den Willen zum Heilswillen macht, und durch die er den Heilsprozeß vom Anfang bis zum Ende führt. Doch ist diese Auffassung bei unserm Schriftsteller keine durchgängige und durchschlagende; denn in anderen Stellen kommt er über die äußerliche, quantitative Verhältnisbestimmung beider Faktoren zu einander nicht hinaus, indem er den Willen zu der vorangehenden Gnade bloß hinzutreten und mit ihr, und sie mit ihm wirksam sein läßt (gratia cooperans).[2] So kommentiert er zu 1. Kor. 15, 10: Wenn der Apostel sagt, ich habe gearbeitet, so bringt er die Bemühung des freien Willens zum Ausdruck; wenn er beifügt, doch nicht ich, sondern

---

Conf. Augustinus, de gr. Chr. c. 13: Haec gratia si doctrina dicenda est, certe sic dicatur, ut altius et interius eam Deus cum ineffabili suavitate credatur infundere.

[1] Collat. XIII, 18: Sic enim universitatis Deus omnia in omnibus credendus est operari, ut incitet, protegat atque confirmet, non ut auferat quam semel ipse concessit arbitrii libertatem ... quemadmodum et Deus omnia operetur in nobis et totum libero adscribatur arbitrio, ad plenum humano sensu ac ratione non potest comprehendi.

[2] Ibid. c. 3: Qui (sc. Deus) et incipit quae bona sunt et exequitur et consummat in nobis, dicente apostolo 2. Cor. 9, 10 ... nostrum vero est, ut cotidie adtrahentem nos gratiam Dei humiliter subsequamur. — Ibid. c. 14: Zu Matth. 8, 10 und Genes. 22, 1 (LXX) wird bemerkt: Non enim illam fidem quam ei Dominus inspirabat, sed illam quam vocatus semel atque inluminatus a Domino per libertatis arbitrium poterat exhibere, experiri voluit divina iustitia; unde non immerito fidei eius constantia comprobatur, atque ad eum subveniente gratia Dei, quae eum paulisper subreliquerat ut probaret, ita dicitur: Genes. 22, 12. — Ferner ibid. c. 14, 6—8.

die Gnade Gottes, so bezeichnet er die Kraft des göttlichen Schutzes; und wenn er sagt, mit mir, so erklärt er, daß sie, die Gnade, nicht mit dem müßigen, noch dem sorglosen, sondern mit dem thätigen und sich anstrengenden Willen mitgewirkt habe.[1] Nur zu dieser äußerlichen Auffassung paßt das Beispiel von der Sorgfalt der Amme für ihren Pflegling auf seinen verschiedenen Altersstufen, wodurch das Verhältnis Gottes und seines Gnadenbeistandes zum menschlichen Willen verdeutlicht werden soll.[2]

9.

Hatte Cassian im Gegensatz zu Pelagius nicht bloß die den guten Werken, sondern auch dem guten Willen und den entsprechenden Gedanken zuvorkommende und sie anregende Gnade gelehrt, und zwar in einer der Doktrin Augustins sich sehr annähernden Weise,[3] so trug er, wie schon oben angedeutet wurde, im Gegensatz zum Bischof von Hippo, dessen Gnadenlehre im Widerspruch mit der dem Menschen auch nach der Sünde noch zukommenden Willensfreiheit stehe, die umgekehrte Verhältnisbestimmung vor, indem er den auf das Heil gerichteten Willen der Gnade vorausgehen, diese auf jenen erst folgen ließ.[4] Dieser Auffassung wird in einer Reihe von Stellen Ausdruck gegeben. Aus Röm. 7, 18 glaubt Cassian[5] evident darthun zu können,

---

[1] Ibid. 13, 5: ... cum dicit non autem ego, sed gratia Dei (1. Cor. 15, 10), virtutem divinae protectionis ostendit: cum dicit mecum, non otioso neque securo, sed laboranti ac desudanti eam cooperatam fuisse declarat.

[2] Collat. XIII, 14.

[3] Prosper contra collator. c. 2 nennt daher die bis jetzt dargelegte Verhältnisbestimmung der Gnade zum freien Willen, wie sie Cassian insbesondere collat. XIII, 3 (S. 61 Anm. 1) ausgesprochen hat, eine definitio catholicissima.

[4] Collat. XIII, 12: Nach Pf. 58, 11 praevenit gratia hominis voluntatem; nach Pf. 87, 14 aber Deum remorantem atque utiliter quodammodo subsistentem, ut nostrum experiatur arbitrium, voluntas praevenit nostra.

[5] Collat. XIII, 9: Ut autem evidentius clareat etiam per naturae bonum, quod beneficio creatoris indultum est, nonnumquam bonarum voluntatum prodire principia, quae tamen nisi a Domino

daß auch durch das von der Güte des Schöpfers geschenkte Gut der Natur bisweilen die Anfänge des guten Willens hervorgehen. Mit Bezug auf 3. Kön. 8, 17—19 wird die Frage aufgeworfen: Ist der Gedanke und Herzenswunsch Davids, dem Herrn ein Haus zu bauen, ein guter und von Gott herrührender, oder ein böser aus dem Menschen stammender zu nennen? Ist ersteres der Fall, warum ist seine Aus= führung durch den, von dem er eingegeben wurde, dem David ver= weigert worden? War der Gedanke aber ein böser, der als solcher vom Menschen stammt, warum wird er von Gott gelobt? Es bleibt daher nur die Annahme übrig, daß er sowohl ein guter als vom Menschen kommender war. Auf diese Weise können wir auch über unsere täglichen Gedanken urteilen. Denn weder war es dem David allein gestattet, das Gute aus sich selbst zu denken, noch ist es uns von Natur versagt, etwas Gutes verstehen oder denken zu können. Sonder Zweifel wohnen daher jeder Seele von Natur die durch die Güte des Schöpfers eingepflanzten Tugendsamen inne.[1] Wenn Gott in uns einen obwohl noch so kleinen Funken des guten Willens emporsteigen sieht, so pflegt er ihn, facht ihn an und kräftigt ihn durch seine Inspiration.[2] Den guten Willen, dessen Anfang er in uns erblickt, erleuchtet, kräftigt er sofort und regt ihn an zum Heile, indem er ihm, den er entweder selbst gepflanzt oder durch unser Bestreben in uns auftauchen sah, das Wachstum verleiht.[3] Unser freier Wille vermag demnach bisweilen durch seine selbsteigene Bewegung nach den

---

dirigantur ad consummationem virtutum pervenire non possunt, apostolus testis est dicens: velle enim adiacet mihi, perficere autem bonum non invenio.

[1] Collat. XIII, 12: Dubitari ergo non potest inesse quidem omni animae naturaliter virtutum semina beneficio creatoris inserta.

[2] Ibid. c. 7: Propositum namque Dei, quo non ob hoc hominem fecerat ut periret, sed ut in perpetuum viveret, manet immobile; cuius benignitas cum bonae voluntatis in nobis quantulamcumque scintillam emicuisse perspexerit, vel quam ipse tamquam de dura silice nostri cordis excuderit, confovet eam et exsuscitat suaque inspiratione confortat.

[3] Ibid. c. 8: Qui cum in nobis ortum quemdam bonae voluntatis inspexerit etc.

Tugenden zu verlangen.¹ Gott verlangt und erwartet auch solche Anstrengungen unseres guten Willens.²

Ganz dementsprechend ist es, wenn der Glaube als selbsteigene Sache des freien Willens bezeichnet wird, wenn nur die Voraussetzung hierfür, die Berufung durch Gott und Erleuchtung, d. i. Unterricht in der Glaubenswahrheit, vorhanden ist.³

Dem aus sich selbst hervorgehenden guten Willen ist jedoch die Gnade Gottes notwendig, da es ohne sie zur Weiterentwicklung des begonnenen Heiles zu seiner Vollendung nicht kommen würde. Was nun aber das Wertverhältnis des anfangenden guten Willens zu der ihm zu teil werdenden Gnade betrifft, so kommt er dieser nicht gleich,⁴ steht er zu ihr nicht im Verhältnis der Kondignität; nur durch die Barmherzigkeit Gottes wird uns das, wonach wir verlangen, gegeben, wird auf unser Anklopfen geöffnet und gefunden, was wir suchen.⁵

---

¹ Ibid. c. 9: In his omnibus (aus einer Anzahl zuvor citierter alttestamentlicher Stellen) et gratia Dei et libertas nostri declaratur arbitrii, quia etiam suis interdum motibus homo ad virtutum adpetitus possit extendi, semper vero a Domino indigeat adiuvari.

² Ibid. c. 13: Et ita semper gratia Dei nostro in bonam partem cooperatur arbitrio atque in omnibus illud adiuvat, protegit ac defendit, ut nonnumquam etiam ab eo quosdam conatus bonae voluntatis vel exigat vel expectet, ne penitus dormienti aut inerti otio dissoluto sua dona conferre videatur, occasiones quodammodo quaerens quibus humanae segnitiae torpore discusso non inrationabilis munificentiae suae largitas videatur, dum eam sub colore cuiusdam desiderii ac laboris impertit.

³ Collat. XIII, 14. 4 bemerkt Cassian zu Matth. 8, 10: Nullius enim laudis esset aut meriti, si id in eo Christus quod ipse donaverat praetulisset. Und noch unzweideutiger kommentiert er zu Genes. 22, 1: Non enim illam fidem quam ei (Abraham) Dominus inspirabat, sed illam quam vocatus semel atque inluminatus a Domino per libertatis arbitrium poterat exhibere, experiri voluit divina iustitia.

⁴ Collat. XIII, 13: Quantumlibet enisa fuerit humana fragilitas, futurae retributionis par esse non poterit, nec ita laboribus suis divinam imminuet gratiam, ut non semper gratuita perseveret. — Ibid. 3: Humana superbia nullatenus se gratiae Dei vel exaequare vel admiscere contendat etc.

⁵ Instit. XII, 11. 13: Condignus esse non poterit qui haec industriae suae merito vel sudoris obtineat; numquam enim divinum munus labor proprius humanave compensabit industria, nisi desideranti divina fuerit miseratione concessum. — Ibid. c. 14 (s. die Stelle oben S. 23 Anm. 3).

Wiewohl daher der gute Wille der Gnade vorausgeht, so wird diese doch nicht nach Verdienst erteilt,[1] bleibt vielmehr ihre Gratuität vollständig gewahrt,[2] und kann von einer Minderung derselben nicht die Rede sein.[3]

10.

Vorstehende Verhältnisbestimmung, welche im Heilsprozeß dem Willen die zeitliche Priorität vor der Gnade zuschreibt, ist es nun, um welcher willen Cassian des Semipelagianismus beschuldigt wird. Schon frühzeitig wurde diese Anklage zurückgewiesen. Gennadius, der freilich deshalb, und zwar nicht ohne Grund, selbst im Verdacht des Semipelagianismus steht, behauptete von Cassians Schriften, sie seien von der Kirche als heilsam gebilligt, während Prosper sie als schädlich in Verruf bringe.[4] Auch in neuerer und jüngster Zeit hat man die von einigen älteren Theologen[5] aufgestellte Behauptung, die Cassianische Lehre sei vorwurfsfrei, wiederholt und mit verschiedenen Gründen zu stützen gesucht. Wäre Cassian, meint man, Semipelagianer, so müßte es auch sein Lehrer Chrysostomus sein, bei dem dieselbe Doktrin sich finde und von dem der Schüler abhänge.[6] Allein

---

[1] Collat. XIII, 16: Nemo autem aestimet haec a nobis ob hoc fuisse prolata, ut nitamur adstruere summam salutis in nostrae fidei dicione consistere secundum quorumdam profanam opinionem, qui totum libero arbitrio deputantes gratiam Dei dispensari secundum meritum uniuscuiusque definiunt: sed absoluta plane pronuntiamus sententia etiam exuberare gratiam Dei et transgredi humanae interdum infidelitatis angustias.

[2] Collat. XIII, 13 (Fortsetzung der oben S. 70 Anm. 2 citierten Stelle): Et nihilominus gratia Dei gratuita perseverat, dum exiguis quibusdam parvisque conatibus tantam immortalitatis gloriam, tanta perennis beatitudinis dona inaestimabili tribuit largitate.

[3] Ibid. S. oben S. 70 Anm. 4.

[4] De viris inlustrib. c. 85 (Ausg. v. Richardson, Leipz. 1896 S. 90): Legi et librum adversus opuscula (suppresso nomine) Cassiani, quae Ecclesia Dei salutaria probat, ille (sc. Prosper) infamat nociva. Re enim vera Cassiani et Prosperi de gratia Dei et libero arbitrio sententiae in aliquibus sibi inveniuntur contrariae.

[5] S. Hergenröther, Handb. d. allgem. KG. Dritter (Supplement-) Band, 1880 p. 119 § 119.

[6] Landfrid Heinrich, O. S. B., S. Ioannes Cassianus etc., Frisingae, 1767, p. 71. — Conf. Prosper Prantner, Dissertatio ... in

diese Berufung auf des Chrysostomus Lehre zur Rechtfertigung der Cassianischen übersieht, daß die **geschichtliche Stellung** beider Autoren eine ganz verschiedene ist. Läßt sich die Lehre des großen Homileten aus dem Gegensatz des häretischen ethischen Dualismus und aus dem ethisch praktischen Standpunkt, auf dem er sich bewegt, hinlänglich erklären, so steht Cassian mit seiner Doktrin in ausdrücklichem Gegensatz zu jener Augustins, die mit geringer Beschränkung die kirchliche ist. Es genüge, hierfür an den 6. Kanon des II. Arausicanum zu erinnern.

Man hat ferner behauptet, Cassians Lehre verstieß gegen kein förmliches Dogma der Kirche; hat dies seine Richtigkeit, so ist dagegen die Versicherung nicht zutreffend, daß er auch nicht von der nachmals durch das zweite Konzil von Orange deklarierten Wahrheit abgewichen sei, da er unter dem anfangenden guten Willen den durch die Gnade zubereiteten verstehe.[1] Hiergegen spricht schon die oben (S. 59) mitgeteilte Erklärung Cassians, daß man weder die Gnade zur ausschließlichen Ursache des guten Willens, noch den Anfang des guten Willens zur ausschließlichen Ursache der Erteilung der Gnade machen dürfe; denn dies schließt in sich, daß der aus sich gute Wille der Gnade vorausgehen kann. Überdies unterscheidet Cassian selber den aus sich selbst hervorgehenden, natürlichen Anfang des guten Willens von dem durch die Gnade gewirkten sehr wohl, wenn er sagt: Wenn Gottes Güte einen wenn auch noch so kleinen Funken des guten Willens in uns emporsteigen sieht, **oder** den er selbst gleichsam aus dem harten Kiesel unseres Herzens geschlagen hat, wahrnimmt, so pflegt er ihn, regt ihn an und kräftigt ihn durch seine Inspiration.[2] Und an Deutlich-

---

qua mens sancti Ioannis Cassiani ... de divina gratia expenditur. Frising. 1765 praefat. — Ferner Hoch, Die Lehre des Joh. Cassianus von Natur und Gnade. Freib. i. B. 1895. S. 108 Anm. 1 wird mir zu verstehen gegeben, daß ich bei Cassian (Univ.-Progr. 1867 S. 12) zwar eine innere Gnade zugebe, aber gleichwohl „dem Principe und den Konsequenzen nach" seine Lehre mit der pelagianischen Gnadenlehre gleich sein lasse (S. 11 f.). Aber um dem Princip oder der Konsequenz nach Pelagianer zu sein, ist es nicht notwendig, daß man nur die äußere Gnade annimmt, man kann es auch bei Annahme der inneren Gnade sein. S. hierüber S. 75 und 76.

[1] Heinrich, l. c. prooem.
[2] Collat. XIII, 7—8: Qui cum in nobis ortum quemdam bonae

keit darüber, daß der Anfang des guten Willens dem natürlichen Willen eigne, läßt folgende Stelle nichts zu wünschen übrig: etiam per naturae bonum, quod beneficio creatoris indultum est, nonnumquam bonarum voluntatum prodire principia.¹

An dieser unzweifelhaft semipelagianischen Bestimmung kann auch Cassians wiederholte Erklärung nichts ändern, daß die Gnade dem Willen, wiewohl er jener vorangehe, gleichwohl nicht nach Verdienst zukomme. Vernehmen wir darüber, ob Cassians Lehre dem Begriffe der gratia secundum meritum ferne steht, zunächst den heiligen Augustinus.

Unbedenklich giebt er zu, daß die Massilienser durch ihren mit der Kirche bekannten Glauben, das menschliche Geschlecht werde als der Sünde des ersten Menschen unterworfen geboren, und durch die Lehre, daß hiervon jeder nur durch die Gerechtigkeit des zweiten Adam befreit werde, und dem Willen des Menschen zu den guten Werken die Gnade Gottes zuvorkomme, und daß keiner sich selbst weder zum Anfange noch zur Vollendung derselben genügen könne, sich gar sehr von den Pelagianern unterscheiden.² Allein, fügt er bei, wenn sie weiter lehren, daß der Anfang des Glaubens lediglich uns eigne und nur das Wachstum oder die Mehrung desselben von Gott stamme; wenn sie der Ansicht sind, es sei unsere und nicht der Gnade Sache, daß wir nach dem Heile verlangen, es suchen und an seiner Thüre anklopfen, wenn sie behaupten, der Gnade gehe unser Verdienst voran und sie folge erst nach, wenn wir auf unser Verlangen hin empfangen und suchend finden, und uns auf unser Anklopfen geöffnet werde,³ — so entfernen sie sich nicht von der selbst von Pelagius auf dem Diospolitanum freilich nicht aus Liebe zur Wahrheit, sondern nur aus Furcht vor Verurteilung verworfenen These, daß die Gnade nach unseren Verdiensten erteilt werde. Denn gehört es nicht

---

voluntatis inspexerit, inluminat eam confestim atque confortat et incitat ad salutem, incrementum tribuens ei, quem vel ipse plantavit, vel nostro conatu viderit emersisse. — Ibid. c. 9. S. die Stelle oben S. 68 Anm. 4.

¹ Ibid. c. 7 (gegen Ende). Der ganze Passus oben S. 69 Anm. 2.
² De praedest. SS. c. 1. — De dono persever. c. 16. 17.
³ De dono persever. c. 23, 64.

zu Gottes Gnade, daß wir anfangen zu glauben, sondern vielmehr das, was uns um des anfangenden Glaubens willen zugeteilt wird, nämlich daß wir vollkommener und vollständiger glauben, so geben wir zuerst Gott den Anfang unseres Glaubens, damit uns auch mit seiner Ergänzung vergolten werde,[1] schreibt der Mensch sich den ersten Teil (die erste Rolle) im Heilsprozesse zu, um von Gott den Empfang des zweiten zu verdienen, und wird so die Gnade nicht als Gnade, sondern als etwas Geschuldetes erteilt;[2] es verabredet sich der Mensch gleichsam mit Gott, einen Teil des Glaubens für sich zu beanspruchen und Gott einen Teil zu überlassen, wobei er, was gerade das Hoch= mütige ist, den ersten Teil selbst für sich wegnimmt und den folgenden jenem giebt, und an demjenigen, wovon er behauptet, es gehöre beiden, sich zum ersten, Gott zum zweiten Teilhaber macht.[3] Durch diese Bestimmung begünstigen die Massilienser, welche den Irrtum der Pelagianer bekämpfen, deren Meinung, die Gnade werde nach unseren Verdiensten erteilt.[4] Zur selben These gelangen die Massilienser durch die Behauptung, die Unmündigen würden nach ihrem Tode nach den Handlungen gerichtet, die sie begangen haben würden, wenn sie am Leben geblieben wären.[5] Doch will Augustin sie deshalb nicht der pelagianischen Häresie zeihen, da sie lehren, die Gnade komme dem Willen zu den guten Werken zuvor.[6]

---

[1] De praedest. SS. c. 2, 3.   [2] Ibid. 2, 6.

[3] De praedest. SS. c. 2, 6: Quasi componit homo cum Deo, ut partem fidei sibi vendicet, atque illi partem relinquat: et quod est elatius, primam tollit ipse, sequentem dat illi; et in eo quod dicit esse amborum, priorem se facit, posteriorem Deum.

[4] Ibid. c. 14, 29: Quocirca non debent fratres nostri, qui nobiscum pro catholica fide perniciem Pelagiani erroris impugnant, huic Pelagianae in tantum favere opinioni, qua opinantur, gratiam Dei secundum me- rita nostra dari.

[5] Ibid.

[6] De dono perseuer. c. 16 u. 17, 43: Haec ergo Dei dona sunt, i. e. ut de aliis taceam, sapientia et continentia. Adquiescunt et isti: neque enim Pelagiani sunt, ut aduersus istam perspicuam veritatem dura et hae- retica peruersitate contendant. — Ep. ad Vital. c. 6: Ego enim haereticum quidem Pelagianum te esse non credo, sed ita te esse volo, ut nihil illius ad te transeat, vel in te relinquatur erroris.

Also, wiewohl Augustin die Lehre der Massilienser nicht für häretisch hält, da sie die Notwendigkeit der zuvorkommenden Gnade zu den guten Werken behauptet, so hält er sie doch, weil sie beim Zustandekommen des Glaubens den Willen der Gnade vorausgehen läßt, für einen Irrtum, durch den die Anhänger desselben dem Pelagianismus sich nähern und ihn begünstigen.

Dieses Urteil gilt auch von Cassians Lehre. Wiewohl er lehrt, daß der vorangehende gute Wille zu der ihm erteilten Gnade durchaus nicht im Verhältnis der Kondignität stehe und letztere nicht secundum meritum praecedens erteilt werde, so kommt er doch über diese unrichtige Verhältnisbestimmung nicht hinaus; sie ist lediglich in Abrede gestellt. Denn wenn es, wie Augustin sagt, nicht zu Gottes Gnade gehört, daß wir anfangen zu glauben, sondern das vielmehr, was uns um dessenwillen hinzugefügt wird, nämlich daß wir vollständiger und vollkommener glauben, so wird uns die Ergänzung des Glaubens auf Grund unseres Verdienstes und als Belohnung zu teil.[1]

Aber auch noch aus anderen Gründen wird Cassian der richtigen Lehre vom Verhältnis der Gnade zum freien Willen im Heilsprozeß nicht gerecht. Wenn er behauptet, daß (bisweilen) der gute Wille in uns entstehe, und Gott alsdann ihn durch seine Gnade zur Weiterentwicklung, nämlich zur Fortsetzung und Vollendung des Begonnenen bringe, so ist ihm der natürliche Willensakt der erste Heilsakt, während doch, da der Heilsprozeß in seiner Totalität ein auf der Gnade beruhender und daher an sich übernatürlicher ist, selbst die allererste auf das Heil gehende Willensregung durch die Gnade hervorgerufen ist.

Die Behauptung, der Wille vermöge aus sich das Heil anzufangen, führt konsequent auf die andere, der Wille sei nicht von der

---

[1] De praedest. SS. c. 2, 3: Dicunt ... ex nobis quidem nos habere ipsam fidem, sed incrementum eius ex Deo, tamquam fides non ab ipso donetur nobis, sed ab ipso tamen augeatur in nobis eo merito, quo coepit a nobis. Non ergo receditur ab ea sententia, quam Pelagius ipse in episcopali iudicio Palaestino, sicut eadem gesta testantur, damnare compulsus est: gratiam Dei secundum merita nostra dari: si non pertinet ad Dei gratiam, quod credere coepimus, sed illud potius, quod propter hoc nobis additur, ut plenius perfectiusque credamus: ac per hoc, initium fidei nostrae priores damus Deo, ut retribuatur nobis et supplementum eius, et si quid fideliter poscimus.

Erbsünde berührt, wie denn auch Augustin erklärt, daß der Begriff der gratia secundum meritum im Widerspruch stehe mit der Lehre von der Erbsünde.¹ Und diese Konsequenz hat die andere im Gefolge, daß der Wille des Menschen, was seine ethische Beschaffenheit betrifft, sich in demselben natürlichen Zustande nach der Sünde wie vor der Sünde befinde. Es ist daher nicht zu viel behauptet, wenn man sagt, Cassians Gnadenlehre sei den Konsequenzen nach oder (wenn man lieber will) den Principien nach mit der pelagianischen gleich, wiewohl sie von ihr wieder zu unterscheiden ist.

Augustin hatte sich zur Begründung seines Begriffes der Prädestination resp. der gratia sine ullo merito praecedente data auf das christologische Dogma berufen, indem er hervorhob, daß in Christo die göttliche Natur mit der menschlichen sich nicht auf Grund der vorausgehenden Verdienste der letzteren geeinigt habe, da es ja das Wort Gottes war, welches Fleisch wurde, und dem Menschsein Christi sein Gottsein vorausging. Wie nun in Christo Gott den Menschen ohne alles vorausgehende Willensverdienst gerecht machte, so mache er auch uns Menschen, ohne jegliches vorangehende Verdienst, aus ungerechten zu gerechten, da er das Haupt, wir seine Glieder sind.²

Derselben christologischen Bestimmung begegnen wir nun auch bei Cassian, wenn er gegen Nestorius sagt, man dürfe die Einigung des Sohnes Gottes mit dem Menschen, den er bei der Inkarnation angenommen, nicht von dessen Verdiensten abhängig machen, da dies pelagianisch sei. Nicht der Mensch, sondern Gott gebe die Gnade. Sei nun nach der Lehre der Schrift Christus Urheber der erlösenden

---

¹ De dono persever. c. 12, 31: Videtisne, quam sit absurdum et a fidei sanitate atque sinceritate veritatis alienum, ut dicamus parvulos mortuos secundum ea iudicari, quae praesciti sunt facturi esse si viverent? In hanc autem sententiam, quam certe omnis sensus humanus quantulacumque ratione subnixus, maximeque Christianus exhorret, ire compulsi sunt, qui sic a Pelagianorum errore alieni esse voluerunt, ut tamen gratiam Dei per I. Chr. D. N., qua nobis una post lapsum primi hominis, in quo omnes cecidimus, subvenitur, secundum merita nostra dari sibi adhuc existiment esse credendum, et disputatione insuper proferendum.

² De corrept. et gr. c. 11, 30. — De praedest. SS. c. 15, 30. — De dono persever. c. 24, 67.

Gnade (Tit. 2, 11), so müsse er Gott sein.[1] Je richtiger diese Argumentation ist, desto auffallender ist es, daß Cassian sie nicht strikte auf seine Gnadenlehre anwendet. Einen kleinen Anlauf hierzu nimmt er, wenn er (Instit. XII, 17) von Christus als Menschen sagt, nach Joh. 5, 30 vermochte er nichts aus sich, und wir, die Staub und Asche sind, sollten in Sachen des Heiles des Beistandes Gottes nicht bedürfen? Aber hierbei verbleibt es; der Begriff der verdienten Gnade ist nicht aufgegeben, sondern bloß abgeschwächt durch die Behauptung, es gehe zwar der Willensakt als erster Heilsakt der Gnade voran, stehe jedoch zu dieser nicht im Verhältnis der Kondignität: ein Beweis, daß sich Cassian in dieser seiner Doktrin nicht klar war.[2]

11.

An letzter Stelle lassen wir Cassians Lehre von der Prädestination folgen, die nach ihm von der Präscienz Gottes von dem sittlichen Verhalten des Menschen bedingt ist. Daß er von partikulärem, principiell nur auf einen Teil der sündigen Menschheit beschränkten Heilswillen Gottes nichts wissen kann und will, ergiebt sich nicht bloß aus der seitherigen Darstellung seiner Gnadenlehre, sondern schon daraus, daß die Massilienser, wie wir wissen, die Veranlassung zu ihrer Lehre von Augustins Prädestinationsbegriff nahmen und sie in diesem Gegensatze entwickelten. Demnach lehrte Cassian die universelle Prädestination zum Heile.

---

[1] Contra Nestorium l. II, 5: Donum certe gratiae huius per Iesum datum apostolus dicit (Act. 15, 10. 11); responde mihi nunc, si placet, gratiam hanc, quae ad salutem omnium data est, ab homine an a Deo datam existimes; si ab homine, reclamat tibi vas Dei Paulus dicens: apparuit gratia Dei salvatoris nostri (Tit. 2, 11). Divini enim hanc esse gratiam docet muneris, non imbecillitatis humanae; et sane etiam si sacrum testimonium non suppeteret, ipsa rei veritas testimonio erat, quia praestare rem perpetui et immortalis boni fragilia et terrena non possunt nec dare quisquam alteri valet, quo ipse indiget, aut tribuere illius rei copiam, cuius se inopiam sustinere fateatur; a Deo ergo necesse est gratiam datam non neges; Deus ergo est qui dedit, data autem est per Dominum I. Chr.: ergo Dominus I. Chr. Deus. — Ibid. V, 1—4. VI, 14. VII, 21.

[2] S. Nirschel, Lehrb. d. Patrologie u. Patristik. 3. Bd. S. 87. Anm. 2.

Gott hat den Menschen, führt er aus, erschaffen, nicht daß er zu Grunde gehe, sondern daß er ewig lebe.[1] Diesem unumstößlichen Grundsatz gemäß will er daher ohne jegliche Ausnahme das Heil aller, und daß sie zur Erkenntnis der Wahrheit gelangen (1. Tim. 2, 4). Im Gegensatz zu Augustin, der die Zahl der Prädestinierten als eine beschränkte und unabänderlich gewisse faßt und lehrt, daß solche, die nur eine Zeitlang das Heilsgute thun, nachher wieder abfallen, sich nicht in der ursprünglichen Zahl der zum Heil Vorausbestimmten befinden und nur zeitliche (temporales) Thäter des Guten seien,[2] behauptet Cassian, daß selbst Judas zu der Zeit, da er von Christus zum Apostel erwählt worden, im Buche der Lebendigen eingezeichnet gewesen sei.[3] Die Behauptung, daß der Wille Gottes sich nicht auf die Beseligung aller, sondern statt aller nur auf einige beziehe, bezeichnet er als ungeheures Sakrilegium.[4] Gott hat kein Interesse daran, daß dieser oder jener zu Grunde gehe.[5] Die Gnade Christi beruft alle ohne Ausnahme (Matth. 11, 28) und steht jedem täglich zu Gebote. Wäre diese Berufung keine allgemeine, sondern nur eine partikuläre, so wären auch nicht alle, was doch Röm. 3, 23 besagt, entweder mit der Erbsünde oder mit persönlicher Sünde behaftet. Ja so sehr gehen alle, die zu Grunde gehen, gegen den Willen Gottes ins Verderben, daß er nach dem Zeugnis der Schrift (Weish. 1, 13) weder den Tod selbst erschaffen hat, noch sich über den Untergang des Lebendigen erfreut. Hieraus erkläre sich auch, meint Cassian, daß

---

[1] Collat. XIII, 7: Propositum Dei, quo non ob hoc hominem fecerat ut periret, sed ut in perpetuum viveret, manet inmobile. .

[2] De corrept. et gr. c. 13. De dono persever. c. 14, 22. — Siehe P. Odilo Rottmanner, Der Augustinismus S. 13. 14.

[3] Collat. XVII, 25: Non est ambigendum etiam Iudae nomen illo tempore, quo electus a Christo apostolatus sortitus est gradum, in libro viventium fuisse conscriptum ac pariter eum audisse cum ceteris: nolite gaudere quia daemonia nobis subiciuntur, gaudete autem quia nomina vestra scripta sunt in caelis (Luc. 10, 20).

[4] Ibid. XIII, 7: Qui enim ut pereat unus ex pusillis non habet voluntatem, quomodo sine ingenti sacrilegio putandus est non universaliter omnes, sed quosdam salvos fieri velle pro omnibus? ergo quicumque pereunt, contra illius pereunt voluntatem.

[5] Ibid. XVI, 6: Non interest apud Deum qui omnes homines vult salvos fieri (1. Tim. 2, 4), utrum te an alium quempiam perdas.

Gott bisweilen uns ohne unsern Willen auf den Weg des Heiles ziehe und ohne unser Wissen dem Schlund der Hölle entziehe.[1]

Wenn nun Gott gleichwohl von all denen, die er selig haben will, in Wirklichkeit nur einen Teil beseligt, so ist der Grund hiervon, weil er nur von diesen voraussieht, daß sie das Heil mit Gottes Gnade wirken.[2] Cassians Lehre ist hiernach: an sich will Gott alle beseligen, thatsächlich beseligt er aber nur jene, welche das Heil wirken wollen und auch wirken. Jene, die faktisch nicht selig werden, könnten es auch werden, wenn ihr Wille sich gegen das Heil nicht widerstrebend verhielte.

---

[1] Ibid. XIII, 7: Praesto est ergo (Ezech. 33, 11—17. Matth. 23, 37. Ierem. 8, 5. 5,3) cotidie Christi gratiu, quae, dum vult omnes homines salvos fieri et ad agnitionem veritatis venire (1. Tim. 2, 4), cunctos absque ulla exceptione convocat dicens Matth. 11, 28: Venite ad me omnes etc. si autem non omnes universaliter, sed quosdam advocat, sequitur ut nec omnes sint onerati vel originali vel actuali peccato nec vera sit illa sententia Rom. 3, 23. 5, 12. Et in tantum omnes qui pereunt contra Dei pereunt voluntatem, ut nec ipsam mortem Deus fecisse dicatur ita scriptura testante Sap. 1, 23; et inde est quod plerumque, dum pro bonis contraria postulamus, vel tardius vel nequaquam nostra exauditur oratio, et rursus ea quae credimus esse contraria utiliter ut benignissimus medicus etiam invitissimis Dominus inferre dignatur ac nonnumquam perniciosas dispositiones nostras letalesque conatus ab effectu detestabili retardat ac revocat, ac properantes ad mortem retrahit ad salutem et de inferni faucibus extrahit ignorantes.

[2] Collat. XVII, 25 heißt es zu Jerem. 18, 7—10 u. 26, 2. 3: illud etiam prae omnibus inaestimabilis illa censura nos instruit, quod cum sit ei ante ortum uniuscuiusque praecognitus finis, ita ordine ac ratione communi et humanis quodammodo omnia dispensat affectibus, ut non potentialiter nec secundum praescientiae suae ineffabilem notitiam, sed secundum praesentes hominum actus universa diiudicans vel respuat unumquemque vel adtrahat et vel infundat cotidie suam gratiam vel avertat.

III.
Prospers Lehre.

Die Lehre Cassians, wie sie namentlich in der dreizehnten seiner Collationen enthalten ist, hat Prosper einer ausführlichen Kritik unterzogen.

1.

Cassian hatte seine vermittelnde Aufstellung über das Verhältnis der Gnade zum freien Willen vor allem positiv durch die hl. Schrift zu beweisen gesucht, welche an vielen Stellen ebenso den freien Willen als den anfangenden Faktor im Heilsprozeß bezeichne, wie sie in anderen diese Initiative der Gnade zuschreibe. So mache der Herr bei Matth. 11, 28 die Erquickung der Mühseligen durch ihn abhängig von dem vorangehenden Verhalten des freien Willens, und nach Apostelgesch. 10, 2 habe Cornelius mit spontanem Willen zuerst Gott gefürchtet, zu ihm gebetet u. s. w., und erst alsdann sei ihm dafür das Geschenk der Wiedergeburt zu teil geworden.[1] Röm. 7, 18 bezeuge der Apostel, daß der gute Wille aus sich selbst hervorgehe, indem er sage: Das Wollen liegt mir nahe, aber das Gute zu vollbringen finde ich nicht.[2]

Diese Beweisführung erklärt nun Prosper für eine durchaus verfehlte; und in der That leidet sie an demselben Fehler, welchen Cassian dem Bibelbeweis der Pelagianer für ihre Lehre zum Vorwurf macht.[3] Sie sei nämlich, entgegnet der Aquitanier, einseitig, da sie

---
[1] Ep. ad Rufin. c. 5. 6 (S. Prosperi opp. omnia. Ed. Paris. 1711).
[2] Contra collat. 4, 2.
[3] Collat. III, 22. S. die Stelle S. 32 Anm. 3.

diejenigen Stellen nicht in Rechnung bringe, welche die entgegengesetzte Verhältnisbestimmung der Gnade zum Willen enthalten. Zwar lasse Cassian dieselben nicht unbeachtet, aber er schreibe ihnen bloß partikuläre Geltung zu und setze sie zu den zuerst erwähnten Stellen in ein ausschließendes Verhältnis. Eine solche einseitige Erklärung sei aber geradezu falsch, weil sie gegen den hermeneutischen Grundsatz verstoße, wonach Bibelstellen, welche einzeln und für sich genommen sich gegensätzlich zu einander verhalten, einheitlich zu interpretieren seien.[1] Wenn es also in der Schrift heiße, Gott bewirke in uns selbst das Wollen des Guten, so könne es nicht zugleich wahr sein, daß der Wille des Menschen auch aus sich ohne Gnade das Heil anzufangen vermöge, so sehr nach manchen Stellen eine solche Lehre den Schein für sich haben möge,[2] müsse es vielmehr unbedingte und allgemeine Regel des Glaubens sein, daß Gott in jedem Menschen das Heil selbst in seinem allerersten Anfang wirke, und daß keiner es aus sich beginnen könne.[3]

[1] Ep. ad Rufin. c. 5: Asserunt quidem haec (sc. ex largitate quidem gratiae, sed aliquo vel boni operis, vel bonae voluntatis merito praecedente venisse) quibusdam sanctarum scripturarum testimoniis, sed non rationabiliter adsumtis. Ad defensionem enim alicuius definitionis ea promenda sunt, quae alteri intellectui, a quo videtur definitio dissonare, non cedant, et eam regulam, cui sunt aptata, non deserant. — Cassian kommt dieser Forderung nur halbwegs entgegen, wenn er den aus collat. III, 22 citierten Worten beifügt: Sed respiciat, quod sicut liberi arbitrii facultas populi inobedientia demonstratur, ita cotidiana circa eum provisio Dei clamantis quodammodo et monentis ostenditur (Ies. 65, 2). Denn er bezieht die gratia praeveniens hier nicht auf alle Menschen, sondern nur auf einen Teil. — Daß die Schrift, wenn es sich um Gnade und freien Willen handelt, einheitlich zu erklären sei, hat auch Augustin den Pelagianern gegenüber geltend gemacht, wenn er de gr. et lib. arb. c. 5, 10 sagt: Talia ergo de scripturis colligunt, quale est hoc unum, quod paulo ante dixi: Convertimini ad me, et convertar ad vos (Zach. 1, 3), ut secundum meritum conversionis nostrae ad Deum, detur gratia eius, in qua ad nos et ipse convertitur. Nec adtendunt, qui hoc sentiunt, quia nisi donum Dei esset etiam ipsa ad Deum nostra conversio, non ei diceretur: Deus virtutum converte nos. Et (Ps. 79, 8): Deus tu convertens vivificabis nos: et huiusmodi alia, quae commemorare longum est. Nam et venire ad Christum, quid est aliud nisi ad eum credendo converti, et tamen ait (Ioann. 6, 66): Nemo potest venire ad me, nisi datum fuerit ei a Patre meo?

[2] Contra collat. 4, 2. [3] Ibid. c. 7. 8. 9, 1.

Nicht nur die Bibel, auch die kirchliche Tradition glaubten die Massilienser für sich zu haben. Cassian speciell erklärt schon in seiner ersten Schrift, daß die von ihm vorgetragene Gnadenlehre nicht die seinige, sondern die der Vorfahren sei.[1] In der Vorrede zu der ersten Abteilung der Collationen erklärt er ausdrücklich, daß er sich an die Tradition halten werde,[2] und zwar seien hierbei für ihn nur die bewährten Senioren maßgebend.[3] Augustins Lehre, meinten nun die Massilienser, stehe im Widerspruch mit der Meinung der Väter und dem Sinne der Kirche.[4]

Diesen Vorwurf erhoben sie zunächst gegen seine Prädestinationslehre, aber er gilt zugleich seiner Lehre von dem Zusammenwirken der Gnade mit dem freien Willen, welche mit jener in innerem Zusammenhang steht. In der That ist Augustins Prädestinationsbegriff nicht der der Väter vor ihm, und scheint die Geschichte für die Lehre der Massilienser zu sprechen. Allein dieser Schein verschwindet bei einer näheren Betrachtung der Sachlage. Die Massilienser übersahen, daß die beiderseitigen an sich differierenden Anschauungen über den ewigen Heilsratschluß Gottes in Bezug auf die einzelnen Menschen sich in zu verschiedenen geschichtlichen Gegensätzen bewegen, als daß sich ein eigentlicher Widerspruch zwischen ihnen behaupten ließe. Die voraugustinischen Väter tragen ihre Lehre im ausdrücklichen Gegen-

---

[1] Instit. XII, 14: Plane constantissime non mea, sed seniorum sententia definio perfectionem quidem sine his (sc. sine industria et laboris intentione) omnino capi non posse, his autem solis sine gratia Dei posse eam a nemine consummari.

[2] L. c. 6: Oblineant itaque orationes vestrae ... ut nobis earumdem traditionum memoriam plenam et sermonem ad dicendum facilem conferre dignetur (Deus), quo tam sancte eas tamque integre quam ab ipsis accepimus explicantes ipsos quodammodo suis institutis incorporatos et quod maius est Latino disputantes eloquio nobis exhibere possimus.

[3] Collat. II, 13: Non omnium seniorum, quorum capita canities tegit quosque vitae longaevitas sola commendat, nobis sunt sectanda vestigia seu traditiones ac monita suscipienda, sed eorum, quos laudabiliter vitam suam ac probatissime conperimus in iuventute signasse nec praesumptionibus propriis, sed maiorum traditionibus institutos.

[4] Prosperi ep. ad Augustin. 2: Contrarium putant patrum opinioni et ecclesiastico sensui, quidquid in eis (sc. in scriptis adversus Pelagianos haereticos) de vocatione electorum secundum Dei propositum disputasti.

satze zu den die Willensfreiheit leugnenden Häresieen vor; Augustin aber hat den die Freiheit zwar lehrenden, aber zugleich die Gnade entweder ganz oder ihre unbedingte Notwendigkeit leugnenden Pelagianismus sich gegenüber. Nicht ohne Grund berief sich daher Prosper auf das von P. Cälestinus in seinem Schreiben an mehrere Bischöfe Südgalliens dem Augustin ausgestellte Zeugnis über die Treue seiner Lehre, wonach er immer in kirchlicher Gemeinschaft gewesen und einstimmig unter die besten Lehrer der Kirche gerechnet worden sei.[1] Dieses Autoritätszeugnis suchte jedoch einer der Massilienser durch die Erklärung zu entkräften, daß, da in dem angerufenen päpstlichen Schreiben die Schriften Augustins nicht namentlich erwähnt seien, Cälestins Lob sich nur auf Augustins frühere, keineswegs aber auf seine jüngsten Schriften (de praedestinatione sanctorum und de dono perseverantiae) beziehe, eine Behauptung, welche die andere in sich schließt, daß die dogmatische Überzeugung des Kirchenvaters sich nicht gleich geblieben, sondern in den späteren Zeiten wesentlichen Wandlungen unterworfen gewesen sei. Prosper ermangelte nicht, diese maligna interpretatio, wie er sie nennt, zu widerlegen. Gesetzt, entgegnet er, die in den fraglichen letzten antipelagianischen Schriften Augustins enthaltene Lehre stehe nicht im Einklang mit dem kirchlichen Altertume, so möge derjenige, welcher eine so übelwollende Interpretation in Umlauf zu setzen sucht, selbst mit Übergehung der Schriften, in denen Augustinus seit Beginn seines Episkopates noch lange vor dem Auftreten der Feinde der Gnade sich für die Gnade aussprach, die früheren antipelagianischen Schriften desselben lesen.[2] Weht in

---

[1] Contra collat. 21, 2. Die bezüglichen Worte des päpstlichen Schreibens (c. 2) lauten: Augustinum sanctae recordationis virum, pro vita sua atque meritis, in nostra communione semper habuimus, nec umquam hunc sinistrae suspicionis saltem rumor adspersit: quem tantae scientiae olim fuisse meminimus, ut inter magistros optimos etiam a meis semper decessoribus haberetur. Bene ergo de eo omnes in commune senserunt, utpote qui ubique cunctis et amori fuerit et honori.

[2] Prosper zählt folgende Schriften auf: Tres ad Marcellinum libri de peccatorum meritis etc. Ad sanctum Paulinum Nolanum episcopum epistola. Ad beatissimum quoque apostolicae sedis tunc presbyterum Sixtum, nunc vero pontificem, emissae paginae. Ad s. Pinianum liber de gratia Christi et de peccato originis. Ad Valerium comitem de nuptiis et con-

diesen derselbe Geist der Lehre, und findet sich in ihnen dieselbe Lehr=
weise (praedicationis forma), so mögen die Kalumnianten erkennen,
wie überflüssig der Einwand ist. Cälestins Zeugnis gelte nicht
bloß den früheren Büchern, deren Lehrnorm in allen übrigen gelobt
werde. Apostolica enim sedes, fährt Prosper fort, quod a
praecognitis sibi non discrepat, cum praecognitis probat, et
quod iudicio iungit, laude non dividit. Diejenigen also, welche
die zuletzt veröffentlichten Schriften Augustins zurückweisen, mögen
den früheren beipflichten und den zu Gunsten der Gnade früher ver=
faßten ihre Zustimmung geben. Allein das thun sie nicht: denn sie
wissen wohl, daß alle gegen die Pelagianer gerichtet sind, und daß sie
ihnen zur Entkräftung der späteren gar nichts nützen können, wenn
sie zugeben, daß in den früheren die Wahrheit sich finde.[1]

2.

Im weiteren Verfolge weist Prosper nach, daß Cassians Lehre
logisch sich widerspreche, inhaltlich falsch sei. Cassian hatte nämlich
behauptet, wie es ein Irrtum sei, dem Augustinischen Gnadenbegriff
(gr. praeveniens, sine merito praecedente data) ausschließlich zu
huldigen, weil er die Willensfreiheit aufhebe, so sei auch die pelagia=
nische Auffassung von der libertas arbitrii eine irrige und verkehrte,
weil sie die Gnade (gr. praeveniens, operans) gänzlich verneine.
Widerspruchslos und einheitlich sei das Zusammenwirken von Gnade
und freiem Willen, und vor Irrtum gewahrt sei man nur dann,
wenn man beide Behauptungen nur zum Teil zugestehe, d. h. wenn
man lehre, daß bei den einen die Gnade dem Willen, bei anderen
dagegen der Wille der Gnade vorangehe.[2] Cassians entgegengesetzte

---

cupiscentia, ad servos Christi Timasium et Iacobum de natura et gratia
Sex libri priores contra Iulianum, unus ad s. Aurelium Carthaginiensem
episcopum de gestis Palaestinis (s. de gestis Pelagii), alius ad Paulum et
Eutropium sacerdotes, contra Pelagii et Caelestii quaestiones de perfectione
iustitiae: et ad beatae memoriae Papam Bonifacium quatuor volumina
(contra duas epistolas Pelagianorum).

[1] Contra collat. 21, 3.
[2] Collat. XIII, 11. — Contra collat. c. 3: Satis te contra Pelagianorum calumnias praecavere existimas, si quod in universitate vocatorum
sentiendum est, id nobis in portiones concedas.

positive Ansicht ist hiernach nur ein Gemisch aus den sich gegenseitig
ausschließenden Gegensätzen des Pelagianismus und Augustinismus,
und er befindet sich mit ihr weder mit den Anhängern des ersteren,
noch mit denen des letzteren in völliger Übereinstimmung.[1] Nicht
ohne Grund bezeichnete Prosper daher diese Auffassung als ein in-
forme nescio quid tertium et utrique parti inconveniens.[2] Eben
als solche ist sie ihm logisch eine widerspruchsvolle, denn zwei Übel
können nicht zu einem Gut werden; zwei Fehler erzeugen nicht eine
Tugend und zwei Irrtümer zusammen machen nicht eine Wahrheit
aus. So wenig sei dies der Fall, daß ein solches Unterfangen nur
die Korruption der Wahrheit zur Folge haben könne. Denn die
Mischung zweier sich entgegengesetzter Dinge sei nur der Abfall vom
Bessern, weil, wenn die Tugend das Laster in sich aufnimmt, nicht
eine Scheidung von dem Laster, sondern von der Tugend stattfinde.
Wenn also die Katholiken annehmen, was die Pelagianer behaupten,
und die Pelagianer recipieren, woran die Katholiken festhalten, so
werden jene nicht katholisch, sondern diese, was ferne sei, Pelagianer.[3]

Cassians thörichter Versuch, den Irrtum durch den Irrtum, die
Krankheit durch die Krankheit zu heilen, enthält aber, sachlich ge=
würdigt, desgleichen eine Reihe von Widersprüchen. Derselbe verstößt,
was zunächst die Wirksamkeit der Gnade betrifft, gegen deren Kon=
formität. Indem nämlich Cassian behauptet, daß einige das Heil aus
sich anfangen, in anderen aber die Gnade diesen Anfang wirke, scheidet
er die an sich eine erlösungsbedürftige Menschheit in zwei Teile, von
denen jeder anders, der eine durch die (zuvorkommende) Gnade, der
andere durch den dieser vorangehenden freien Willensakt, d. i. durch
das Gesetz und die Natur, gerechtfertigt und beseligt wird.[4] Christus,
der eine Erlöser der Menschheit, verhält sich darnach zu den einen
anders als zu den andern: zu denen, in welchen die Gnade den Heils=

---

[1] Contra collat. 3: Sed nec cum haereticis tibi, nec cum catholicis plena concordia est.

[2] Ibid. und c. 19, 5te Definition. — C. 5: Si ergo error est, initia bonae voluntatis non adiuto divinitus homini adscribere, et error est, confiteri quoniam praeparatur voluntas a Domino, quo dirigendi sumus, ut utrumque vitemus?

[3] Contra collat. 5, 1. 2. 18, 2. 19, 5te Definition.

[4] Ibid. 3, 1.

willen in seinem ersten Anfange wirkt, als eigentlicher Erlöser, salvator; zu jenen aber, welche das Heil aus sich wollen und anfangen, und in denen die Gnade es nur fortführt und vollendet, bloß als susceptor, d. h. als Vergelter durch Aufnahme in sein Reich auf Grund vorangehender Verdienste. Konsequent führt diese Christum in seinem Verhältnis zur Menschheit teilende Behauptung auf die Auflösung der Kirche, wie sie der eine Leib Christi ist, ist also ein Angriff auf die Einheit der Kirche. Durch deine Definition, folgert Prosper, konstituierst du die Einheit der Glieder des Leibes Christi durch zweierlei Gläubige, und in der einen Kirche herrscht zwischen ihnen, was ihr Verhältnis zu Christus betrifft, Verschiedenheit, während in Wahrheit Christus sich als Erlöser zu allen in der Kirche gleich verhält.[1]

Ein weiterer Widerspruch, in den sich Cassians vermittelnde Lehre verwickelt, ist folgender. Durch die Behauptung, daß in manchen, welche und weil sie nicht wollen, die Gnade das Heil anfange, verfällt Cassian gerade derjenigen Vorstellung von der Wirksamkeit der Gnade auf den Willen, welcher er durch seine Aufstellung entgehen will. In der Absicht, Gnade und Freiheit in ihrem Zusammenwirken zur rechten Einheit zu vermitteln, sagt er: Während einige aus sich nach dem Heile verlangen und es suchen, zieht der Herr durch seine Gnade diejenigen, welche ihm widerstehen, wider ihren Willen (inviti) zum Heile.[2] Dazu bemerkt Prosper treffend: Nach dieser Definition gelangen also viele zur Gnade ohne Gnade, und die Geneigtheit (affectum), nach ihr zu verlangen, sie zu suchen, an der Thüre des Heiles anzuklopfen, haben einige vermöge der Wachsamkeit ihres freien Willens, während derselbe in anderen so von Gott abgewendet und blind ist, daß er durch keine Ermahnungen zum Guten zurückgerufen werden kann, wenn er nicht durch die Gewalt der ihn ziehenden Gnade widerwillig geleitet wird. Als ob nicht durch das ganze Werk der vielgestaltigen Gnade in den Herzen aller dies bewirkt werde, daß sie aus nichtwollenden wollende werden; oder als ob einer von denen, welche schon Gebrauch von der Vernunft machen, den Glauben mit dem Willen allein annehmen könnte. Daher ist es ebenso ungereimt,

---

[1] Ibid. 18, 2. 3.   [2] Collat. XIII, 9.

zu sagen, daß einer nach der Teilnahme an der Gnade wider Willen strebe, als zu behaupten, daß einer dazu gelange, ohne daß er durch Gottes Geist getrieben werde.¹ Die Gnade nötigt keinen gegen seinen Willen, sondern sie macht aus dem, der nicht will, einen wollenden. Leistet Cassians Gnadenlehre in dieser Beziehung des Guten zu viel, indem sie die Wirksamkeit der Gnade auf den Willen so überspannt, daß dessen Freiheit aufgehoben erscheint, so bietet sie in einer anderen wieder zu wenig, indem sie, die Freiheit des Willens überspannend, die wahre Gnadenthätigkeit verletzt. Wenn nämlich die Gnade auch in manchen dem Willen zuvorkommt und selbst den allerersten Heilsanfang wirkt, so ist es nicht deshalb, weil sie das Heil nicht aus sich anfangen können, da ja andere ohne Gnade aus sich darnach verlangen, sondern lediglich weil sie nicht wollen. Das Heil selbsteigen zu beginnen, steht vielmehr ebenso bei ihnen, wenn sie nur wollen. Die zuvorkommende Gnade ist ihnen sonach nicht ein eigentliches Bedürfnis, sondern hat für sie bloß die Bedeutung eines erleichternden und schneller zum Ziele führenden Beistandes. Wenn das, sagt Prosper, was Gott den einen verleiht, von den anderen durch ihr eigenes Vermögen erlangt werden kann, so bedürfen wir in einigen Dingen nur deshalb der Unterstützung, damit durch die Gnade das leichter gethan werde, was durch die Natur nicht unmöglich war.³ Kann der Mensch durch das natürliche Vermögen des freien Willens einen so schweren Kampf siegreich bestehen, wie dies Cassian von Job behauptet hatte —, so darf man nicht zweifeln, daß die Wirkungen (effectus) des guten Willens in leichtern Dingen viel leichter sind; aber so fällt man in die Grube der verurteilten Sentenz, wonach uns die Gnade der Rechtfertigung deshalb erteilt werde, damit wir das, was uns durch den freien Willen zu thun befohlen ist, durch die Gnade leichter erfüllen können, als ob, wenn auch die

---

[1] Contra collat. 2, 4. 7, 3.
[2] Ibid. 3, 1: Deus hominem vocatum ad Filium trahit (Ioann. 6, 44), non resistentem invitumque compellit, sed ex invito volentem facit, et quibuslibet modis infidelitatem resistentis inclinat, ut cor audientis obediendi in se delectatione generata ibi surgat, ubi premebatur etc. — Ibid. 19, 6te Definition.
[3] Contra collat. 11, 2: Et ideo in aliquibus oporteat nos adiuvari, ut possibilius fiat per gratiam, quod non erat impossibile per naturam.

Gnade nicht erteilt würde, wir zwar nicht leicht, doch ohne sie die göttlichen Gebote zu erfüllen vermöchten, während doch der Herr, von den Früchten seiner Gebote redend (Joh. 15, 5), nicht sagte, ohne mich könnet ihr das Gute schwieriger thun, sondern, ohne mich könnet ihr nichts thun.[1]

Der Begriff der erleichternden Gnade läßt, wie soeben gezeigt, die Möglichkeit der Heilswirksamkeit des Menschen aus sich selbst zu. Indem nun Cassian die dieser Möglichkeit entsprechende Wirklichkeit annimmt durch die Behauptung, daß manche anfangen das Gute zu wollen, und von Irrtum und Sünde sich zu entfernen wünschen, daß aber die Gnade Gottes diesen Willensentschluß zur That fortführe und vollende, tritt die seiner Vorstellung von der erleichternden Gnade zu Grunde liegende irrige Verhältnisbestimmung in ihrer ganzen Blöße hervor. Beginnt nämlich der Mensch den Heilsprozeß aus sich, und führt die Gnade das so Begonnene bloß fort, wenn auch bis zur Vollendung, so wird sie, die Gnade, nach Verdienst erteilt. Cassian hatte behauptet, man dürfe die Verdienste der Heiligen nicht so auf Gott beziehen, daß der menschlichen Natur das Böse und Verkehrte zugeschrieben werde.[2] Evidenter, entgegnet Prosper hierauf, konnte in dieser Definition das nicht ausgedrückt werden, was auch Pelagius und Cälestius lehren, nämlich daß die Gnade nach unseren Verdiensten und nicht ad singulos actus erteilt werde.[3] Cassian hatte ferner mit Bezug auf Matth. 8, 8 gelehrt, daß dem Hauptmann für seinen Glauben kein Lob und Verdienst gebührt hätte, wenn Christus in ihm dem, was er selbst geschenkt hatte, den Vorzug gegeben hätte.[4] Durch diese kurze Schlußfolgerung, bemerkt Prosper, bestätigest du beinahe das ganze pelagianische Dogma.[5] Zwar verwahrt sich der Massilienser gegen eine solche Deutung seiner Lehre und stellt in Abrede, daß er mit den Pelagianern, welche das Ganze

---

[1] Ibid. 15, 4. — De ingrat. 505—521.
[2] Collat. XIII, 12.   [3] Contra collat. 11, 2.
[4] Collat. XIII, 14.
[5] Contra collat. 16, 1. — Ep. ad Rufin. 4: Miserrimus eorum (morum) usus est, cum ex naturali putantur facultate prodisse; aut ex largitate quidem gratiae, sed aliquo vel boni operis, vel bonae voluntatis merito praecedente venisse.

dem freien Willen zuschreiben, die Erteilung der Gnade Gottes von
dem Verdienste eines jeden abhängig mache.¹ Aber nicht ohne
Grund äußert Prosper seine Verwunderung darüber, daß Cassian nicht
einsehe, oder meine, andere sehen es nicht ein, wie er mit seinen
eigenen Worten sich selbst widerlege. Denn wenn der Hauptmann
keinen durch die Gnade geschenkten, sondern einen selbsteigenen Glauben
hatte, und in Folge hiervon für dessen Anfang durch die Gnade
nichts empfing, so lag in eben diesem Glauben die Ursache seines
Lobes und Verdienstes, was beides er nicht gehabt hätte, wenn das,
wofür ihm Lob und Verdienst gebührte, der Herr geschenkt hätte.²
Mit diesen Worten giebt Prosper den Grund an, warum er Cassian
des pelagianischen Satzes von der Gnade nach Verdienst zeihe: nämlich
weil er den rein aus sich erfolgenden, also natürlichen Willen als den
Akt bezeichne, um dessen willen die diesen Anfang fortsetzende und
vollendende Gnade erteilt werde. Wenn der Herr, sagt Prosper,
denjenigen das Heil giebt, die aus sich darnach verlangen, und wenn
er denen, die aus sich anklopfen, die Thüre öffnet, so lehrt man, daß
viele zur Gnade ohne Gnade gelangen, und daß manche diesen affectus
petendi, quaerendi, pulsandi von der Wachsamkeit ihres freien
Willens haben.... Merkst du aber nicht, daß du hiermit in jenen
verurteilten Satz gerätst, zu dem du dich mit oder ohne Willen kon=
sequent bekennen mußt, nämlich daß die Gnade Gottes nach unserm
Verdienst erteilt werde, indem du lehrst, es gehe ein bestimmtes gutes
Werk von den Menschen selber voraus, wegen dessen sie die Gnade
erlangen? Denn man kann den Glauben des Bittenden, die Frömmig=
keit des Suchenden und die Inständigkeit des Anklopfenden nicht für
völlig verdienstlos halten, besonders da (nach dir) alle solche em=
pfangen, finden und eintreten sollen.³ Daß dies keine bloße Kon=
sequenzmacherei von seiten Prospers ist, ergiebt sich unwiderleglich aus
Cassians Behauptung, daß wie bei den einen das Erbarmen Gottes
der Grund ihres guten Willens sei, so bei den anderen der Anfang
des guten Willens der Grund der Erbarmung Gottes über sie —
durch Erteilung der fortsetzenden und vollendenden Gnade — sei.⁴

---

[1] Collat. XIII, 16.   [2] Contra collat. 17.
[3] Contra collat. 2, 4. 3, 1.
[4] Collat. XIII, 11. — Contra collat. 5, 1: In uno constituis eos, qui

Wiewohl die Lehre der Massilienser geschichtlich ihren Ausgangspunkt von der Augustinischen Prädestinationslehre genommen hat, so sieht Prosper dennoch nicht die ihr entgegengesetzte als das centrale Dogma des Pelagianismus, resp. des Semipelagianismus an, vielmehr bezeichnet er als die Wurzel, aus welcher alle übrigen pelagianischen Lehren hervorgegangen, den Satz von der Erteilung der Gnade Gottes nach dem sittlichen Verdienste des Menschen.[1] An diesem Punkte setzt daher der Aquitanier ganz besonders den Hebel seiner kritischen Untersuchungen über Cassians Doktrin an. Um jedoch diese Kritik darlegen und würdigen zu können, handelt es sich vor allem um den Sinn, welchen er mit dem inkriminierten Lehrsatz verbindet. Prosper bezeichnet zuerst den Willensakt als einen meritorischen, welcher der Grund und die Ursache sei, warum der Mensch die Gnade erlange,[2] so daß die Erteilung der Gnade auf Verdienst hin ein Akt der Vergeltung sei, in welchem Gott mit der Gnade als etwas Schuldigem für den vorangehenden guten Willen belohne. Da nach Cassian dieser verdienstliche Akt des Willens rein aus dessen natürlichem Vermögen hervorgeht, mithin ein natürlicher ist, Prosper aber nur jene Akte für verdienstlich hält, welche durch Gnade und Willen hervorgerufen werden,[3] so macht er jenem den Vorwurf, daß er dem Menschen so viel vor der Gnade, d. i. ohne sie zuschreibe, als er nur durch die Gnade habe, und dadurch den aus sich anfangenden

---

dicunt, ideo nostri misereri Deum, quia ex nobis praebita sunt bonae initia voluntatis; significans sine dubio Pelagiani dogmatis sectatores, qui dicunt, gratiam Dei secundum merita nostra dari etc.

[1] Ep. ad Rufin. 1, 1. 2: Sed insinuanda prius sanctitati tuae est qualitas quaestionis, de qua ista nascuntur: quo tibi magis pateat falsitas obloquentium; et videas, quam lucem quibus tenebris conentur obducere. . . . Ex his tamen una est blasphemia, nequissimum et subtilissimum germen aliarum, qua dicunt, gratiam Dei secundum merita hominum dari.

[2] Contra collat. 3, 1: Aliquid praecedere boni operis ex ipsis hominibus, propter quod gratiam consequamur.

[3] Contra collat. 14, 1: Et nos liberum arbitrium ideo dicimus, bonae voluntatis affectum fideique principium operante gratia concepisse, ut per haec quae illi nullo merito praeeunte donata sunt, ea quae operaturo sunt promissa mereatur; ab illo semper petens posse aliquid boni facere, qui ait (Ioann. 15, 5): Sine me nihil potestis facere.

Akt des Willens den Wirkungen der Gnade, d. h. den rein natür=
lichen Willensakt dem übernatürlichen an Wert und Bedeutung gleich=
setze. Anfangs hattest du, bemerkt Prosper gegen Cassian, die Be=
stimmung aufgestellt, daß die Anfänge weder der hl. Gedanken noch
des frommen Willens, noch der guten Handlungen aus uns seien,
sondern daß durch die Einhauchung Gottes und durch die Hilfe seiner
Gnade alles Gute in uns erzeugt und zur Fortsetzung und Voll=
endung geführt werde; aber gleich darauf fingst du an, den Geschenken
der Gnade die Bestrebungen des freien Willens gleich zu
setzen, so daß nach deiner Behauptung der Mensch die Anfänge,
welche du zuerst Gott zugeschrieben hattest, von sich selbst haben kann.[1]
So legte Cassian dem aus sich beginnenden, natürlichen Akte des
Willens dieselbe Qualität bei, wie sie nur der durch die Gnade
erzeugte Akt desselben besitzt. Warum, fragt Prosper seinen Gegner,
schreibst du das, was du in dem Verlangenden, Suchenden und An=
klopfenden bewunderst, nicht ebenderselben Gnade zu, welche sehnlich
begehrt wird? Du siehst die guten Bestrebungen (bonos conatus),
die frommen Bemühungen, und bezweifelst, daß sie Gottes Geschenke
seien? Wohl mag das Werk der Gnade verborgen sein, so lange
der eingepflanzte Glaube im geheimen Gedanken eingeschlossen ist;
allein wenn das flehentliche Bitten, das emsige Suchen und das häufige
Anklopfen offenbar wird, warum erkennst du nicht an der Beschaffen=
heit des Werkes (ex qualitate operis) die Unterstützung dessen,
welcher es hervorruft?[2]

Die soeben beurteilte Verhältnisbestimmung schließt aber zugleich
folgende in sich. Wenn der Mensch sein Heil aus sich zu wirken
anfängt, und wenn ihm sodann um deswillen die zur Fortsetzung und
Vollendung erforderliche Gnade erteilt wird, so besteht die Aufgabe
der Gnade lediglich in der Entwicklung des vom Menschen selbsteigen
Begonnenen und als solchen Unvollkommenen, d. i. des Natürlichen
zur Vollkommenheit und Vollendung. Der Gegenstand des so sich
vollziehenden Heilsprozesses ist die der menschlichen Natur und ihren

---

[1] Ibid. 14, 2: ... paulo post coepisti donis gratiae liberi arbitrii
aequare conatus, ut principia quae Deo assignaveras, posse hominem a
semetipso habere monstrares.

[2] Ibid. 2, 5.

Kräften entsprechende, also natürliche Bestimmung, und nur der Modus ihrer Verwirklichung ist mit Bezug auf die Momente der Fortsetzung und Vollendung ein übernatürlicher. Diese unwahre Vorstellung, wonach das neue Gott wohlgefällige Leben nicht aus einem neuen Princip durch Wiedergeburt, sondern aus der Natur, also aus dem alten Zustande hervorgehen und durch die sodann hinzutretende Gnade bloß entfaltet werden soll, hebt Prosper sehr bestimmt hervor. Cassian will, schreibt er, daß es viele selbsteigene Verdienste der Menschen gebe, welche nicht durch das Geschenk der Gnade verliehen worden sind, so daß ihnen zur Mehrung der natürlichen Reichtümer (ad augendas naturales divitias) gewisse Geschenke von oben als schuldige gebühren.[1] Nach Cassian, setzt er weiter auseinander, sprossen aus dem jeder Seele von Natur innewohnenden Tugendsamen bestimmte Keime von Verdiensten, welche Gottes Gnade vorausgehen, hervor, der Geist aber, welcher reich an solchen Tugendsamen ist und Gebrauch macht von dem Vermögen, das er besitzt, bedarf der Unterstützung durch die Gnade nur dazu, daß er den Gipfel der Tugenden erreiche, deren Anfänge ihm innewohnen sollen. Nach Cassian wird also die menschliche Seele in der Weise zum Tempel Gottes erbaut, daß sie nicht das Fundament empfängt, außer welchem niemand ein anderes legen kann und welches Jesus Christus ist (1. Kor. 3, 11). Wann aber wird dieses Fundament begonnen, außer wenn der Glaube im Herzen des Hörers erzeugt wird? War dieser aber natürlich in ihm, so wurde hier nicht etwas angefangen, sondern überbaut (superstructum). Ohne Grund wurde daher derjenige als ein Ungläubiger angesehen, welcher den Glauben besaß, bevor er glaubte. Dieses läßt sich aber auch von den Anfängen der anderen Tugenden behaupten, welche, weil sie sind, die Gnade mehren, nicht aber, weil sie fehlen, schenken muß.[2] Daß diese Folgerung Prospers richtig ist, ergiebt sich nicht bloß aus der Sache selbst, sondern wird auch von Cassian selbst bestätigt, welcher auf das bestimmteste der Gnade als Aufgabe die Verwirklichung der an sich natürlichen Bestimmung des Menschen zu ihrer vollkommenen Aktualität zuschreibt, wenn er unter Bezugnahme auf 1. Kor. 3, 6. 7 sagt: Jeder Seele sind durch die Wohlthat des

---

[1] Contra collat. 11, 2. — De ingratis 261—275.
[2] Contra collat. 13, 4. — Ep. ad Rufin. 7, 8. 9, 10.

Schöpfers die Samen der Tugenden von Natur eingepflanzt. Aber wenn dieselben nicht durch Hilfe Gottes entwickelt werden, können sie nicht zur Vollkommenheit gedeihen.[1]

Um den Sinn des Satzes von der gratia secundum meritum data vollständig kennen zu lernen, bedarf es nur noch der Frage nach dem Umfange, welchen Cassian ihm giebt. Nach den bisherigen Erörterungen bezieht sich diese Gnade nur auf einen Teil der Menschheit und hat sie bloß partikuläre Geltung: während einige das Heil aus sich zu wirken anfangen, heißt es ja, beginnt dasselbe in anderen die Gnade. Man sieht aber sogleich, daß diese Bestimmung zunächst nur eine faktische ist. Ist sie aber auch eine principielle? Wenn ein Teil das Heil mit selbsteigenem Willen beginnt, warum sollte der andere, obwohl in ihm die Gnade als zuvorkommende wirkt, es nicht auch können, wenn er nur wollte? Wenn, wie oben (S. 87) erwähnt wurde, die von Cassian zugegebene gratia praeveniens in den Betreffenden nur ein auxilium quo possibilius s. facilius fit ist, so kann darüber, daß die von ihm zunächst als partikuläre behauptete Bestimmung über die Erteilung der Gnade auf vorangehendes Verdienst hin principiell eine allgemeine sei, kein Zweifel obwalten. In der That sagt Cassian selbst zu 3. Kön. 8, 17: Es war weder David allein gegeben, das Gute aus sich selbst zu denken, noch ist es uns versagt, auf natürliche Weise (naturaliter) eine Einsicht in das Gute oder einen guten Gedanken zu haben.[2]

Eben deshalb, weil die von Cassian zunächst nur in Bezug auf einen Teil behauptete Möglichkeit des Heilsanfanges durch den menschlichen Willen allein im Grunde von jedem Menschen gilt, setzte ihm Prosper den Satz entgegen, daß kein einziger das Heil aus sich anzufangen vermöge, und daß es daher eine allgemeine Notwendigkeit sei, daß die Gnade dem Willen als zuvorkommende erteilt werde, wenn es zur Heilswirksamkeit kommen soll. Indem er diese These zu begründen sucht, legt er seine positive Ansicht über Gnade dar.

Die Bestimmung, daß der Mensch aus sich das gottgefällige Gute wenigstens anzufangen im stande sei, erklärt Prosper schon deshalb für falsch, weil sie das wahre Verhältnis Gottes als des Absoluten

---

[1] Collat. XIII, 12. — Contra collat. 13, 1.
[2] Collat. XIII, 12. — Contra collat. 12, 1.

und Unendlichen zum Menschen als einem kreatürlichen und endlichen Wesen verkenne. Niemand, sagt er, ist gut, als Gott allein (Luk. 18, 19). Wie kann daher etwas gut sein, was nicht den Guten zum Urheber hat?[1] Wie aber der Mensch wegen der Kreatürlichkeit seiner Natur in seiner Tugend hinsichtlich ihres Ursprunges durch Gott, den Urguten, bedingt ist, so ist er es aus demselben Grunde auch bezüglich der Art und Weise, wie er gut wird resp. ist. Während nämlich in Gott als dem Absoluten und Ewigen die Tugend oder richtiger das Gute von vornherein substantiellen Charakter hat und zu seiner Natur gehört, Gott also wesenhaft gut ist, ist der Mensch gut dadurch, daß er an dem Urguten participiert und so Tugend h a t. Die Tugend, sagt Prosper, ist vor allem Gott, bei welchem Tugend haben nichts anderes heißt, als die Tugend selber sein.[2] Die vernünftige Seele des Menschen aber ist nicht die Tugend selber, sondern bloß die Wohnstätte der Tugend. Durch Anteilnahme nämlich an der Weisheit, Gerechtigkeit und Barmherzigkeit sind wir weder die Weisheit, noch die Gerechtigkeit und Barmherzigkeit, sondern weise, gerecht und barmherzig.[3] Läßt man nun, argumentiert Prosper weiter, den Menschen die Tugend aus sich, wenn auch nur anfangen, so erscheint hierbei Gott als bloßer Zuschauer (spectator) oder Zeuge,[4] und wird seine Absolutheit gegenüber dem Menschen in Sachen der Tugend beschränkt, und so weit dies geschieht, das Verhältnis zwischen Gott und Mensch deistisch-dualistisch gefaßt und folgerichtig selbst die Erhaltung, der sog. concursus Dei naturalis, in Frage gestellt.[5]

Erweist sich gedachte Verhältnisbestimmung Cassians schon als

---

[1] Contra collat. 12, 1.

[2] Ibid. 13, 1: Virtus namque principaliter Deus est: cui non aliud est habere virtutem, quam esse virtutem.

[3] Ibid. nr. 2.

[4] Contra collat. 15, 4. 19, 10te Definition. — De ingratis 366 seqq. 410—440.

[5] Contra collat. 15, 1: ... nunc vero remoto longius Deo et a sustentatione hominis separato, tantam libero arbitrio potentiam tribuis, ut non solum amissionem multiplicium facultatum et totius simul familiae ac necessitudinum acerbissimum finem constanter aequanimiterque suscipiat (sc. Iob), sed ipsius quoque corporis proprii ineffabiles cruciatus proposito nudae voluntatis evincat.

irrig, wenn der Mensch in seiner reinen Kreatürlichkeit aufgefaßt wird, so ist dies noch viel mehr der Fall im Hinblick auf den derzmaligen religiös=ethischen Zustand seiner Natur. Die Lehre, daß der Mensch sein Heil ohne Gnade Gottes, wenn zwar nicht fortsetzen und vollenden, so doch wenigstens anfangen könne, beruht nach Prosper auf der (von Cassian auch ausgesprochenen) Voraussetzung, daß der Wille in Adams Nachkommen zu allem Guten ebenso frei, weil ebenso unversehrt sei, wie er es in ihrem Stammvater vor der Sünde gewesen,[1] und daß ihm selbst im abamitischen Zustande die Freiheit in jener Beschaffenheit zukomme, vermöge welcher er ebenso viel Liebe zum Guten aus sich habe, als er aus sich Neigung habe, die Gnade zu verschmähen.[2]

Hieraus ist ersichtlich, daß Cassians Lehre auf den Pelagianismus treibt; sie wurzelt in demselben Naturalismus wie letzterer und huldigt demselben äquilibristisch indifferenten Freiheitsbegriff.[3] Nicht unzutreffend charakterisierte daher Prosper die Massilienser als reliquiae Pelagianae pravitatis,[4] und bemerkte er speciell gegen Cassian, daß seine dogmatische Ansicht nur auf Konsequenzen führen könne, welche Lehren des Pelagianismus, namentlich nach der Auffassung desselben durch Julian, seien,[5] und daß er mit seiner Polemik gegen Augustin lediglich die bereits erstickte Asche dieser Häresie wieder anzufachen suche.[6]

Wegen dieses inneren Zusammenhanges der Lehre Cassians mit der pelagianischen war Prosper der Überzeugung, daß, da letztere

[1] Ibid. 9, 5. 14, 2. 20.
[2] Contra collat. 13, 6: Itane libera est ista libertas, ut quantum ex se habeat fastidii ut negligat gratiam Dei, tantum ex se habeat delectationis ut diligat?
[3] De ingrat. 127—155. 336—374. 690—691. — Über diesen pelagianischen Freiheitsbegriff siehe des Verfassers Schrift: Der Pelagianismus, S. 213 bis 227. S. 338 ff.
[4] Ep. ad Augustin. n. 7.
[5] Contra collat. 21, 1: Nec enim possunt alia dicere, quam quae damnatorum querelis et procacissimi Iuliani sunt vulgata convitiis. Paria sunt unius seminis germina, et quod latebat in radicibus, manifestatur in fructibus. — Ibid. 14, 2: Cur invictissimae veritatis arce deserta, gradatim ad praecipitia Pelagiana decurris? — De ingrat. 479—505.
[6] De ingrat. 127—131. — Contra collat. 6.

schon kirchlich verurteilt sei, zur Widerlegung derselben die Berufung auf die Autorität der betreffenden Konzilien genüge,[1] und daß es an sich eines neuen Kampfes gegen dieselbe nicht bedürfe, da man ja keinen neuen, bisher unbekannten Feind vor sich habe.[2] Hielt es demnach Prosper überhaupt noch für zweckmäßig, Cassian mit theologischen Gründen zu widerlegen, so konnten es nur solche sein, deren man sich schon gegen die Pelagianer bedient hatte. Und in der That sind die von ihm geltend gemachten Argumente im Grunde nur die aus Augustin entnommenen antipelagianischen.

3.

Die Unmöglichkeit des Heilsanfanges durch den menschlichen Willen allein beweist Prosper aus der kirchlichen Lehre von der Erbsünde. In der näheren Ausführung dieses Argumentes geht er von der Lehre über den Urstand des Menschen aus, auf welcher das Dogma von der Erbsünde als seiner Voraussetzung beruht.

Der erste Mensch, lehrt er in diesem Betreff, ist unzweifelhaft recht und ohne jeglichen Fehler erschaffen worden und empfing den freien Willen von der Beschaffenheit, daß er, wenn er Gott, welcher ihn hierbei unterstützte, nicht verließ, in den von Natur (naturaliter) empfangenen Gütern verharren konnte, weil er wollte, und durch das Verdienst der freiwilligen Verharrung zu einer solchen Seligkeit zu gelangen vermochte, daß er ins Schlimmere weder fallen wollte noch konnte.[3] Diesen Urstand des Menschen nennt Prosper anderwärts Unschuld, welche er, wie auch aus der soeben mitgeteilten Stelle hervorgeht, als etwas Natürliches auffaßt.[4] Daß er jedoch mit diesem Prädikat die ursprüngliche Unschuld nicht als etwas der menschlichen Natur an sich schon Zukommendes angesehen wissen will, daß sie ihm vielmehr nach ihrer Qualität etwas Übernatürliches, durch Gnade Hervorgerufenes ist, ergiebt sich nicht bloß aus seiner oben erwähnten Lehre, daß, während Gott substantiell und kraft seiner Natur gut sei, der Mensch es nur durch Participation am Urguten werde, sondern aus seiner ganzen Polemik gegen Cassian. Aber Prosper leugnet

---

[1] Contra collat. 21, 4.   [2] Ibid. 21, 1.
[3] Contra collat. 9, 3. — De ingrat. 575—592.
[4] Ep. ad Rufin. 8.

auch geradezu und ausdrücklich den natürlichen Charakter des Urstandes, wenn er von den Geschenken desselben sagt, man dürfe nicht meinen, diese Geschenke seien so aus Gott, daß, weil er der Urheber unserer Natur sei, er dieselben auch mittelst der Schöpfung schon erteilt zu haben scheine.[1] Wenn er gleichwohl den Unschuldszustand des ersten Menschen einen natürlichen nennt, so ist es lediglich deshalb, weil der Mensch in und mit der Schöpfung seiner Natur in denselben versetzt wurde, gerade wie auch die Schrift (Eph. 2, 3 uns Kinder des Zornes von Natur nennt, nicht als ob die Erbsünde zu unserer Natur gehörte, sondern weil die menschliche Natur im Momente ihrer Entstehung davon infiziert wird.[2]

Durch denselben freien Willen, fährt Prosper fort, durch welchen der Mensch, so lange er wollte, gut blieb, wich er von dem ihm vorgelegten Gesetze ab und scheute sich nicht vor der ihm angedrohten Strafe des Todes, da er Gott verließ und dem Teufel folgte, rebellisch ward gegen Gott, seinen Erhalter, und gehorsam gegen seinen Feind und Mörder. Diese Übertretung hatte nun den Verlust all derjenigen Güter in Adam zur Folge, die er durch die Gnade besaß. Zuerst verlor er den Glauben, sodann die Enthaltsamkeit und die Liebe, wurde der Weisheit und der Erkenntnis beraubt und ward rat- und kraftlos; ja nicht einmal die Furcht blieb ihm übrig, so daß er sich noch aus Furcht vor der Strafe vor dem Verbotenen gehütet hätte, indem er sich der Liebe zur Gerechtigkeit enthielt. Der freie Wille also, d. i. das spontane Verlangen nach einer ihm gefallenden Sache, richtete, nachdem er den Gebrauch der empfangenen Güter verschmähte, und da der Schutz seines Glückes für ihn kein Interesse mehr hatte, seine unsinnige Begierde auf die Bethätigung in der Sünde, sog das Gift aller Laster ein und machte die ganze Natur des Menschen von

---

[1] Respons. ad capit. Gallor. 8.

[2] In seiner Expositio in Psalm. 102 (p. 375) bemerkt Prosper zu Eph. 2, 3: Eramus natura filii irae, sicut et ceteri, non ex conditione Dei sed ex iudicio. Et ideo natura filii irae dicimur, quia ita ipsis nostris principiis insedit, ut ab illa, praeter Dominum nostrum Iesum Christum, nullius hominis natura sit libera. — In demselben Sinne nennt auch P. Cälestin in seinem Schreiben an die gallischen BB. c. 4 die durch Sünde verlorene ursprüngliche possibilitas et innocentia — naturalis.

seiner Unmäßigkeit trunken.¹ An der Hand des Satzes, daß die Erkenntnis des Menschen von sich nicht besser als sein eigenes Selbst sein könne, beschreibt Prosper die Wirkung der Sünde auf Adam also: Was Adam besaß, verlor er, indem er nach dem gelüstete, was er nicht empfangen hatte. . . . Damals besaß er die Erkenntnis des Guten, als er das gute und hl. Gebot Gottes treu in seinem Herzen bewahrte, und war er gerecht, da er in dem Bilde seines Schöpfers verblieb und seines Gesetzes nicht vergaß. Nachdem er aber sich, d. i. das Bild und den Tempel Gottes, an seinen Verführer verkauft hatte, verlor er die Erkenntnis des Guten, weil er das gute Gewissen verlor. Die Gerechtigkeit wurde von der Ungerechtigkeit verscheucht, die Demut von dem Hochmut vernichtet, die Enthaltsamkeit von der Begierlichkeit verdrängt; der Unglaube raubte den Glauben, und die Knechtschaft nahm die Freiheit hinweg, und kein Teil der Tugenden konnte mehr da zurückbleiben, wohin eine so große Schar von Lastern eingedrungen war.²

Diese Folgen der Sünde, von denen Adam, der Urheber der Sünde, betroffen wurde, sind nun aber auch auf seine Nachkommen übergegangen. Da nämlich im ersten Menschen die Natur aller Menschen miterschaffen ist,³ so ist in ihm die Nachfolge sämtlicher Generationen verdammt.⁴ Mit Ambrosius lehrt Prosper: Es war Adam und in ihm waren wir alle; es fiel Adam und in ihm fielen alle.⁵ In Adam haben alle gesündigt, und alles, was jener verloren, haben diese verloren.⁶ So sind alle tot, blind und gottlos; nach dem Verlust der ursprünglichen Unschuld durch die Sünde war der Mensch verbannt und verloren, und ohne Ziel wandelnd geriet er in immer tiefere Irrtümer. Durch die adamitische Sünde hat daher alle menschliche Natur sich eine solche Schwäche zugezogen, daß keiner mehr das Gute thun kann.⁷

Cassian hatte behauptet, man dürfe nicht glauben, als ob Gott

---

[1] Contra collat. 9, 3. [2] Ibid. 9, 5.
[3] Ibid. nr. 3. [4] Ad Rufin. 7.
[5] Contra collat. 9, 3: Fuit ergo Adam, et in illo fuimus omnes; periit Adam, et in illo perierunt omnes. — Ambros. in Luc. VII, 15.
[6] Contra collat. 9, 3. — De ingrat. 575—592. 852—862.
[7] Ep. ad Rufin. 7. 8. 10.

den Menschen so geschaffen habe, daß er niemals das Gute wolle
oder könne, und ließ damit gegen Augustins Lehre von der Erbsünde
den Vorwurf durchblicken, daß die nach ihr auf der menschlichen Natur
liegende Schwachheit von dem Schöpfer herrühre und der Mensch sich
dieselbe nicht durch die Schuld seiner Sünde zugezogen habe. Wer
also, entgegnet Prosper hierauf, meint, die Lehre, der freie Wille sei
durch die Sünde blind geworden (obcaecatum esse), führe diese
Blendung konsequent auf den Urheber der Natur selber zurück, will
uns bereden, daß in Adams Nachkommen der freie Wille so gesund
sei, als er es in Adam vor der Sünde gewesen, was nach unserm
Dafürhalten dem katholischen Glauben durchaus fremd ist. Denn was
ist durch die Sünde verletzt worden, wenn nicht das verletzt worden
ist, woher die Sünde stammt? Man müßte nur behaupten,
daß auf Adams Nachkommen nur die Strafe, nicht aber die
Schuld übergegangen sei: allein dies wäre eine durchaus falsche
Behauptung, welche eben deshalb vielleicht nicht aufgestellt wird. Denn
es widerspricht der Gerechtigkeit Gottes, daß er diejenigen, welche frei
von der Übertretung sind, mit den Schuldigen verurteilt wissen wollte.
Offenbar ist also da Schuld, wo die Strafe nicht verborgen ist
(patet culpa, ubi non latet poena), und die Gemeinschaft mit der
Sünde wird durch die Teilnahme an der Strafe bewiesen, so daß,
was zum menschlichen Elend gehört, nicht von der Einrichtung des
Schöpfers, sondern von der Vergeltung des Richters herrührt.[1]

In diesem Begriff der Erbsünde, wonach sie in eigentlicher Sünde
und Schuld besteht, hat es also seinen Grund, daß Adams Nach=
kommen ebenso wenig etwas Gutes thun können, als ihr Stammvater
im stande (idoneus) war, jenes Gute zu wählen und zu begehren,
dessen er sich freiwillig beraubte; denn der Mensch vermag nicht
ebenso, wie er ohne Antrieb Gottes fallen konnte, auch wieder sich zu
erheben, ohne daß Gott ihn aufrichtet.[2] Von den Toten, sagt Prosper
wörtlich, kommt durchaus kein gutes Werk, und von den Gottlosen
schlechthin keine Gerechtigkeit.[3] Es fehlt ihnen allen eben das Ver=
mögen (facultas) zum Guten, das durch die Sünde verloren ge=
gangen ist.

---

[1] Contra collat. 9, 4.   [2] Ibid. 9, 3.   [3] Ibid. 10, 2.

Für das richtige Verständnis der Gnadenlehre Prospers ist es wichtig, den näheren Sinn des letzteren Satzes kennen zu lernen. Cassian hatte sich für die Wahrheit seiner Lehre, daß der Mensch nach Adams Fall weder die Erkenntnis des Guten noch den freien Willen als Vermögen des Guten verloren habe, auf Röm. 2, 14 berufen. Prosper glaubte aber, ihm diese Beweisstelle durch folgende Erklärung entziehen zu können. Entweder rede der Apostel von den aus der Vorhaut Berufenen, welche, da sie dem Herrn ferne waren, ihm nahe gebracht wurden durch den Glauben an ihn, und welche der Herr mit den Juden zu sich aufnahm, so daß die Scheidewand der Feindschaft zwischen Juden und Heiden niedergerissen und in einem neuen Menschen der Friede geschaffen wurde, — dann sei der Sinn, daß sie, die Heidenchristen, das Gesetz in seiner Vollkommenheit und die Werke der Liebe von Natur (naturaliter) erfüllen, nämlich nach Reformierung und Wiedererneuerung ihrer Natur.[1] Oder aber Paulus meine diejenigen, welche, der christlichen Gnade ferne, einiges, was Ähnlichkeit mit den Geboten des Gesetzes hat, nach eigenem Gutdünken festsetzten, von der Einsicht geleitet, daß die Moralität der Staaten und die Eintracht der Völker nicht anders erhalten werden könne, als wenn sowohl für die guten Thaten Belohnungen, als für die Vergehen Strafen festgesetzt würden. Bei dieser Annahme müsse aber behauptet werden, daß solche Weisheit, obwohl sie aus den Überresten der von Gott geschaffenen Natur herrühre, doch nicht rechtfertige, weil sie dem Geschlechte nur zum zeitlichen Leben von Nutzen sei (ad temporalis vitae utilitatem).[2] Der dieser zweiten Erklärung zu Grunde liegende Gedanke ist von Prosper mit unzweideutiger Klarheit an einer anderen Stelle ausgesprochen. Cassian hatte zur Begründung seiner These, daß der Gnade die Mehrung und Steigerung des vom Menschen begonnenen Guten zukomme, be-

---

[1] Contra collat. 10, 2: Si, inquam, de his Apostolus loquitur, in quorum cordibus Deus digito suo, id est, spiritu sancto scribit novum testamentum, ut legis plenitudinem et opera caritatis naturaliter exsequantur, reformata scilicet renovataque natura, quid hinc superbissimi sensus novitas adiuvatur, cum reconciliatio inimicorum non possit nisi gratiae mediatoris adscribi?

[2] Ibid. 10, 3.

hauptet, jeder Seele wohnen durch die Wohlthat des Schöpfers von Natur die Tugendsamen inne. Hiergegen bemerkt nun Prosper: Wenn jeder Seele unzweifelhaft von Natur Tugendsamen innewohnen, so hat Adam allein gesündigt, und in seiner Sünde hat niemand gesündigt; in keinen Sünden sind wir empfangen, und in keinen Vergehen haben uns unsere Mütter geboren; wir waren nicht von Natur Kinder des Zornes, noch befanden wir uns unter der Gewalt der Finsternis; vielmehr wurden wir, wenn in uns von Natur die Tugenden blieben, als Kinder des Friedens und des Lichtes geboren. Ferne sei von den Seelen der Frommen die hinterlistige Täuschung solch einer trügerischen Lehre, die Tugenden können mit den Lastern nicht zusammen wohnen. — Die Samen der Tugenden, welche durch die Wohlthat des Schöpfers eingepflanzt worden sind, sind durch die Übertretung des Stammvaters zerstört (eversa), und man kann sie nur haben durch Wiederherstellung desjenigen, der sie gegeben hatte.[1]

Im Zusammenhang mit der Behauptung, der Seele seien von Natur die Tugendsamen eingepflanzt, steht die andere, daß dem Menschen der freie Wille als possibilitas boni von Natur innewohne. Letzteres suchte Cassian teils biblisch durch Berufung auf solche alttestamentliche Stellen zu beweisen, in denen die Propheten die Juden Taube und Blinde schelten, indem damit gesagt sei, daß sie ex facultate naturae sowohl ihre Ohren zum Hören, als ihre Augen zum Sehen öffnen könnten. Desgleichen berief er sich auf die Väter, z. B. auf den Pastor des Hermas, nach dem es in des Menschen Willen stehe, zu wählen, wem er folgen wolle. Prosper bestreitet die Beweiskraft beider Argumente. Während er das Zeugnis aus dem Pastor ein testimonium nullius auctoritatis nennt,[2] sagt er über die biblische Begründung: Jetzt schreibt Cassian dem freien Willen nicht allein den Willen, sondern auch die Möglichkeit (possibilitatem) des Guten zu, als ob deshalb von ihnen, den Juden, Einsicht verlangt und Gerechtigkeit gefordert werde, weil sie dieselbe ohne Geschenke Gottes aus den Gütern der Natur hervorbringen könnten. Dies wird aber dem Menschen deshalb befohlen, damit er aus dem Gebote selbst, durch das ihm gesagt wird, was er empfangen hat,

---

[1] Ibid. 13, 1—2.   [2] Ibid. 13, 1. 6.

erkenne, daß er das Empfangene durch seine Schuld verloren habe, und daß es deshalb keine ungerechte Forderung an ihn sei, weil er zur Leistung dessen, was er soll, untüchtig ist (idoneus non est), da er vielmehr vom tötenden Buchstaben seine Zuflucht zum belebenden Geist nehmen und das Vermögen, das er nicht in der Natur findet, bei der Gnade suchen soll.[1]

Nach diesen sehr bestimmt lautenden Erklärungen spricht Prosper dem unter der adamitischen Sünde stehenden Menschen nicht etwa bloß die Möglichkeit des durch die Gnade vollziehbaren **übernatürlichen**, sondern des Guten überhaupt, also selbst auch des **natürlichen Guten** ab. Denn Prosper unterscheidet nicht zwischen dem Guten, dessen Princip die Gnade ist, und dem Guten, welches dem Menschen kraft seiner Natur möglich ist, sondern läßt alles Gute in Adam ausschließlich und unterschiedslos durch den supranaturalen Faktor zu stande kommen. Und in der That, bei dieser Annahme verliert der Mensch mit der Gnade infolge der Sünde die Möglichkeit für das sittlich Gute überhaupt. Wenn Prosper daher sagt, daß, wenn in uns die Tugenden von Natur verblieben, wir nicht Kinder des Zornes von Natur wären und nicht unter der Gewalt der Finsternis ständen, sondern als Kinder des Friedens und des Lichtes geboren würden,[2] so läßt sich dies ebenso gut umkehren und sagen: Weil wir Kinder des Zornes von Natur sind, ist uns auch keine natürliche Tugend möglich und besitzen wir den freien Willen für das sittliche Gute selbst innerhalb der natürlichen Ordnung nicht. Zwar heißt es in einer anderen Stelle scheinbar korrekter: Wenn die Nachkommen Adams in jenen Tugenden von Natur handelten, in denen Adam vor der Sünde (d. i. in den durch Gnade vermittelten, übernatürlichen) sich befand, so wären sie nicht Kinder des Zornes von Natur, noch der Gnade des Erlösers bedürftig, weil sie nicht vergeblich gut wären und nicht der Belohnung der Gerechtigkeit verlustig gingen: sie wären ja im Besitze der Güter, durch deren Verlust die Stammeltern die Verstoßung aus dem Paradies verdienten.[3] Allein der Sinn dieser Stelle kann kein anderer als der in der vorigen sein, weil eben Prospers Bestimmung des Verhältnisses der Gnade zur

---

[1] Ibid. 11, 1.   [2] Ibid. 13, 1.   [3] Ibid. 9, 3.

gefallenen Natur des Menschen auf einer nicht korrekten Ansicht über das Verhältnis der Gnade zur Natur an sich beruht.

Aus diesen Erörterungen über die Erbsünde und ihre Folgen für den Menschen in ethischer Beziehung ergiebt sich unwiderleglich, daß Prospers Argumentation gegen Cassians Lehre, der Mensch könne aus sich das Gute beginnen, wogegen die Gnade es fortsetze und vollende, resp. gegen die Lehre von der gratia secundum meritum data dahin lautet, die Gnade könne nicht nach Verdienst erteilt werden, nicht etwa weil der dieser Erteilung vorangehende, aus sich erfolgende natürliche Akt des Willens als solcher nicht von der (ihm nur durch die Gnade zukommenden) Qualität sei, daß er der Grund der Erteilung der nachfolgenden Gnade sein könnte, sondern weil dem unter der adamitischen Sünde stehenden Menschen überhaupt kein auch nur auf das natürliche Gute gehender Willensakt möglich sei, da ihm hierzu das Vermögen fehle.

Bestätigt wird diese unsere Erklärung durch die Angabe Prospers über den Wert und die Bedeutung der Sittlichkeit der außerhalb der Offenbarung stehenden Menschheit, d. h. durch seine Ansicht über die **heidnischen Tugenden**, worauf sich indessen ebenso bestimmt schließen ließe, auch wenn er sich über diesen Punkt nicht selbst so klar und ausführlich ausgesprochen hätte, als er es gethan hat. Prosper lehrt, daß die menschliche Natur, so tief auch das Verderben in sie durch Adams Sünde eingedrungen sei, doch weder ihrer Substanz, noch ihres Willens beraubt worden sei, sondern eben nur des Lichtes und der Zierde der Tugenden entbehre.[1] Die menschliche Natur ist nur befleckt, aber nicht ausgetilgt.[2] Der Mensch ist daher im gefallenen Zustande noch mancher Werke fähig, die an sich lobenswert sind, aber das ewige Leben nicht erwerben können. Die Substanz, sagt Prosper, deren Schöpfer Gott ist, bleibt auch nach der Übertretung, es bleibt ihre Gestalt, es bleibt das Leben, das Gefühl und die Vernunft, sowie die übrigen Güter des Leibes und der Seele, welche auch den Bösen und Lasterhaften nicht fehlen; aber sie hat in all dem, was zwar das sterbliche Leben zieren, aber nicht das ewige verleihen kann, nicht die Perception des wahren Guten. Denn es ist nicht unbekannt,

---

[1] Contra collat. 9, 3.   [2] Ibid. 10, 3.

wie wenig die griechischen Schulen, die römische Beredsamkeit und die
Forschung der ganzen Welt es in betreff der Auffindung des höchsten
Gutes ungeachtet der angestrengtesten Studien der ausgezeichnetsten
Geister zu etwas brachten, außer daß sie in ihren Gedanken nichtig
wurden und sich das thörichte Herz derer verdunkelte, welche in der
Erkenntnis der Wahrheit sich ihrer eigenen Leitung überließen.[1] Die
in Frage stehenden löblichen Werke können daher nur für das zeit=
liche Leben Wert haben. Was blieb dem Menschen, fragt Prosper,
nach dem Verlust der Güter, durch welche er zur ewigen und unver=
lierbaren Unvergänglichkeit des Körpers und der Seele gelangen
konnte, noch übrig, außer was Bezug auf das zeitliche Leben
(temporalem vitam) hat, welches ganz der Verdammung und Strafe
verfallen ist?[2] In der richtigen Erkenntnis, daß sich die Moralität
der Staaten und die Eintracht der Völker nur durch Belohnung der
guten Thaten und durch Bestrafung der Vergehen aufrecht erhalten
lasse, haben die der Gnade Christi ferne stehenden Gesetzgeber nach
ihrer Einsicht gewisse Gesetze, welche mit den Geboten des Sitten=
gesetzes Ähnlichkeit haben, aufgestellt (quaedam ad similitudinem
legalium mandatorum proprio iudicio sanciebant). Wer möchte
zweifeln, daß diese Weisheit dem Menschengeschlecht zum Nutzen des
zeitlichen Lebens dient? Rührt sie doch von den Überbleibseln der
von Gott erschaffenen Natur her! Denn wenn die angeborene Kraft
der vernünftigen Seele nichts mehr in Bezug auf die Ordnung der
irdischen Angelegenheiten vermöchte, so wäre die Natur nicht bloß
verdorben, sondern vernichtet. Aber, fügt Prosper sogleich hinzu, so
viel die menschliche Natur in den ausgezeichnetsten Künsten und in
allen Disciplinen menschlicher Erudition vermag, so kann sie doch
nicht aus sich gerechtfertigt werden. Der Grund hiervon ist, nicht
weil die Natur an sich keines rechtfertigenden Werkes fähig ist, sondern
weil sie durch die Sünde verdorben ist, infolge dessen sie, weil ohne
Verehrung des wahren Gottes, der Irreligiösität und Unlauterkeit
überwiesen und gerade durch das angeklagt wird, worin sie ihre Ver=
teidigung zu finden glaubt.[3] Wir dürfen nicht glauben, daß in den
natürlichen Schätzen die Anfänge der Tugenden seien, weil sich viel

---

[1] Ibid. 12, 4.   [2] Ibid. 9, 3.   [3] Ibid. 10, 3.

Lobenswertes auch in den Geistern der Gottlosen vorfindet; zwar geht dasselbe aus ihrer Natur hervor, aber weil sie von dem, der die Natur geschaffen hat, abgewichen sind, kann es keine Tugend sein. Denn nur was durch das Licht erleuchtet worden ist, ist Licht; was des Lichtes entbehrt, ist Nacht. Denn die Weisheit dieser Welt ist bei Gott Thorheit (1. Kor. 3, 19). Und so ist Sünde, was für Tugend gehalten wird, wie ja auch Thorheit ist, was man für Weisheit hält.[1] Mit Bezug auf Röm. 14, 23 nach der Exegese, was nicht aus dem Glauben ist, ist Sünde, sagt Prosper: Die Gerechtigkeit der Ungläubigen ist keine Gerechtigkeit, weil die Natur ohne Gnade befleckt ist.[2] Anderswo bezeichnet er unter Berufung auf 1. Kor. 13, 1 ff. den Mangel der Liebe, die nur Ausfluß der Gnade sei, als Grund, warum die heidnische Tugend dies nicht in Wahrheit sei. Der Apostel, schreibt er, bezeugt daselbst, daß auch noch so großer Glaube, noch so große Wissenschaft, Tugend und Anstrengung ohne Liebe nichts nützen. Zwar kann sich im Menschen vieles Lobenswürdige und Bewunderungswerte finden, was ohne das Mark der Liebe zwar Ähnlichkeit mit der Frömmigkeit, aber nicht mit deren Wirklichkeit hat.[3] Wer diese Tugenden der auf sich selbst gestellten Natur gleichwohl für wahre hält, läßt sich sonach nur durch den äußeren Schein täuschen. Ich halte dafür, daß der sich durch die Ähnlichkeit mit der Wirklichkeit täuschen läßt und durch den äußeren Schein der falschen Tugenden irrt, welcher meint, die Güter, welche man nur durch Gottes Gnade haben kann, fänden sich auch in den Seelen der Gottlosen und zwar deshalb, weil viele von ihnen Anhänger der Gerechtigkeit, Mäßigkeit, Enthaltsamkeit und des Wohlwollens seien, — Tugenden, welche sie zwar alle nicht vergeblich noch ohne Nutzen besitzen, von denen sie vielmehr in diesem Leben viel Ehre und Ruhm erlangen; aber weil sie in solchen Bestrebungen nicht Gott, sondern dem Teufel dienen, so beziehen sie sich, obgleich sie von dem eitlen Lob zeitlichen Lohn haben, doch nicht auf die Wirklichkeit und Wahrheit der beseligenden Tugenden. Und so ist es sonnenklar,

---

[1] Ibid. 13, 5.
[2] Ep. ad Rufin. c. 7: Iustitiam infidelium non esse iustitiam; quia sordet natura sine gratia.
[3] Ibid. c. 8.

daß in den Seelen der Gottlosen keine Tugend wohnt, sondern alle ihre Werke unrein und befleckt sind, weil sie keine geistige, sondern nur sinnliche, keine himmlische, sondern irdische, keine christliche, sondern teuflische, keine vom Vater des Lichtes, sondern vom Fürsten der Finsternis stammende Weisheit besitzen; indem sie selbst das, was sie nicht hätten, wenn Gott es ihnen nicht gegeben, demjenigen unterwerfen, welcher zuerst von Gott abgefallen ist.[1]

4.

Aus der durch die Sünde in den Menschen gekommenen Unfähigkeit, das Gute von sich aus zu wollen und die Aneignung des Heiles in Christo zu beginnen, schließt Prosper, wenn es überhaupt zu diesem Prozesse kommen soll, auf die Notwendigkeit eines anderen neuen Principes, durch welches der Mensch neu geschaffen und wiedergeboren und ihm so das verloren gegangene Vermögen für das Gute wiederum zu teil wird. Die Geschenke, sagt er, welche der Mensch ursprünglich von Gott empfangen hat, stammen von diesem nicht so, daß er sie, weil er Urheber unserer Natur ist, durch die Schöpfung schon übertragen hätte. Zwar gab er dem Menschen anfangs das Vermögen heiliger Gedanken und Worte und guter Willensakte, aber wir alle haben es in Adam verloren, in dem wir alle gesündigt haben. Deshalb bedürfen wir der Erneuerung in Christo durch eine andere Schöpfung, durch ein anderes Princip, in welchem wir eine neue Kreatur, ein neues Geschöpf sind, und durch das uns, weil wir kein vorausgehendes Verdienst, sondern nur viele Schuld haben, gegeben wird, daß wir aus Gefäßen des Zornes Gefäße der Barmherzigkeit sind.[2] Erst wenn von unserm Herzen die durch die Sünde

---

[1] Contra collat. 13, 3. — De ingrat. 401—409. 875—888.

[2] Respons. ad capit. Gallor. c. 8: Neque haec dona ita ex Deo esse opinemur, ut quia ipse naturae nostrae auctor est, per conditionem iam haec contulisse videatur. Quia dedit quidem ab initio hanc homini facultatem, sed omnes eam in illo amisimus, in quo omnes peccavimus. Unde alia creatione, alioque principio renovari egemus in Christo: in quo sumus nova creatura, novumque figmentum; et per quem nobis, nullis bonis et multis malis meritis praecedentibus, donatur, ut simus ex vasis irae vasa misericordiae.

in es eingedrungene eisige Kälte durch die südliche Glut heiligen Feuers gewichen[1] und seine Härte in Weichheit aufgelöst worden ist,[2] und erst wenn wir, die wir im abamitischen Zustande nichts wahrhaft Gutes vermögen, einen neuen Willen empfangen haben,[3] sind wir im stande, das Gute zu wollen und zu thun. Als das schöpferische Princip, welches diese Erneuerung des Menschen bewirkt und erwähnte Umwandlung in ihm hervorruft, bezeichnet Prosper nun die von oben kommende Gnade.[4] Der Mensch, sagt er diesfalls, ist nicht im stande, aus sich das zu thun, was das Gesetz von ihm verlangt; das Vermögen, das er nicht in der Natur findet, muß er bei der Gnade suchen.[5] Alles, heißt es anderswo, was sich auf das religiöse Leben bezieht, haben wir nicht durch die Natur, welche verderbt ist, sondern wir empfangen es von der Gnade, durch welche die Natur wiederhergestellt wird.[6] Wie sehr die Gnade, um nur glauben zu können, Bedürfnis für den Menschen sei, zeigt Prosper an dem Beispiel Petri, der auf seine eigene Kraft vertrauend gleichwohl den Herrn verleugnet habe und in seinem Glauben erst befestigt worden sei, nachdem sein Herr und Meister für ihn gebetet hatte, daß sein Glaube nicht wanke.[7] Nur unter der Voraussetzung also kann der Mensch die allerersten Heilsakte setzen und können diese als seine eigenen bezeichnet werden, daß er bereits von Gott das Vermögen zu guten Willensbestrebungen (bonorum actuum facultatem) empfangen hat, und daß deren Samen auf ihren Urheber zurückgeführt werden.[8]

---

[1] Contra collat. 13, 6.   [2] Ad Rufin. 15.   [3] Ibid. 5.

[4] Ibid. 2: Si gratia Dei secundum hominum meritum tribuatur: atque hoc modo gratia non sit gratia: quia si meritis redditur, et non ipsa est bonorum creatrix, frustra gratia nominatur.

[5] Contra collat. 11, 1: ... ad reddendum quod debet idoneus non est: sed a littera occidente confugiat ad spiritum vivificantem et facultatem quam non invenit in natura, quaerat ex gratia. — Wiewohl Prosper die Gnade, was ihr inneres Wesen betrifft, im Unterschied von der Natur als übernatürlich auffaßt, so findet sich dieser Ausdruck nicht bei ihm; er gebraucht dafür die Bezeichnung supernus, z. B. ad Rufin. 17: Quicunque ergo his virtutibus student atque inhaerent, non sua sed superna sapientia illustrati sunt. — Contra collat. 15: Superna protectione circumtegi.

[6] Ibid. 13, 5.   [7] Ad Rufin. c. 10.   [8] Contra collat. 2, 1.

Die **Möglichkeit** der **Wiederherstellung**, oder wie Prosper sich ausdrückt, die **Reformabilität** der menschlichen Natur durch die Gnade erblickt er in ihrer **Empfänglichkeit** und **Fähigkeit** dafür.[1] Auch im sündigen Zustand nämlich ist ihr die Substanz verblieben und kommt ihr der Wille zu.[2] Die Tugendsamen, welche durch die Wohl=that des Schöpfers eingepflanzt waren, aber durch die Sünde des Stammvaters zerstört worden sind, kann man nur haben, wenn sie derjenige restituiert, welcher sie gegeben hatte. Denn die menschliche Natur ist für ihren (von ihrem) Schöpfer **reformabel** und für diejenigen Güter, welche sie besaß, **empfänglich**, so daß sie durch den Mittler Gottes und der Menschen, den Menschen Christus Jesus gerade vermöge dessen, was ihr noch verblieben ist, wieder erlangen kann, was sie verloren hat. Es verblieb ihr aber die vernünftige Seele, welche zwar nicht die Tugend selber, aber doch die Wohnstätte der Tugend ist. ... Die Güter der verschiedenen Tugenden können daher, obgleich unser vernünftiges Wesen von Lastern occupiert und in den Tempel Gottes durch unsere Übertretung der unreine Geist eingedrungen ist, doch wieder in ipsum rationale confluere durch denjenigen, welcher den Geist dieser Welt aus uns verscheucht und jenen Geist giebt, der aus Gott ist.[3]

Aus Prospers Begründung der Notwendigkeit der Gnade durch den von der adamitischen Sündhaftigkeit hergenommenen Nachweis der Unmöglichkeit, daß der Mensch aus sich das Gute wenigstens anfangen könne, folgt nun, daß, worauf seine ganze Argumentation hinzielt und worauf es ihm besonders ankam, im Prozesse der An=eignung des Heiles die Gnade im Menschen auch die leisesten Anfänge des Guten bewirkt, und daß sie also ohne alles vorausgehende Verdienst des Willens erteilt wird. Wenn Tote belebt werden, sagt Prosper in diesem Zusammenhang, wenn

---

[1] Ibid. 13, 3: Reformabilis enim est natura humana formatori (al. a formatore) suo, et eorum bonorum quae habuit capax est.

[2] Ibid. 9, 3: Naturae enim humanae in illa universalis praevaricationis ruina nec substantia erepta est, nec voluntas. — Ibid. 10, 3: Si enim nec ad ista terrena ordinanda rationalis animi vigeret ingenium, non vitiata esset, sed exstincta natura.

[3] Ibid. 13, 3.

Blinde erleuchtet, Gottlose gerechtfertigt werden, so mögen sie als ihr Leben, Licht und als ihre Gerechtigkeit Jesum Christum bekennen; und wer sich rühmt, rühme sich im Herrn (1. Kor. 1, 31) und nicht in sich; denn da er gottlos, blind und tot war, empfing er von seinem Erlöser unverdient sowohl die Gerechtigkeit, als das Licht und Leben; denn nicht handelte er gerecht und wurde sodann seine Gerechtigkeit vermehrt; noch nahte er sich zuerst Gott und wurde er sodann hierin befestigt; ebenso wenig liebte er Gott und wurde seine Liebe zur Flamme angefacht, sondern, da er ohne Glauben und infolge hiervon gottlos war, empfing er den Geist des Glaubens und wurde er gerecht gemacht.[1] Der durch den Verlust der ursprünglichen Unschuld verbannte und verlorene, ohne bestimmte Lebensbahn wandelnde und in immer tiefere Irrtümer geratende Mensch wurde (von Gott) gesucht, gefunden und wieder zurückgebracht und auf den Weg, welcher die Wahrheit und das Leben ist, geführt und von der Liebe zu Gott, welcher ihn zuerst liebte, ohne daß er ihn liebte, entzündet.[2] Keiner wurde des so großen und unaussprechlichen Gutes der wahren Frömmigkeit für würdig erfunden, sondern jeder, der von Gott erwählt worden, wurde würdig gemacht. Welche immer also Gottes Gnade rechtfertigt, die macht sie nicht aus guten zu besseren, sondern aus bösen zu guten, um sie nachher im Verfolge aus guten zu besseren zu machen.[3]

In den allen diesen Stellen zu Grunde liegenden Gedanken, daß unsere Bekehrung zu Gott nicht aus uns, sondern aus Gott sei,[4] und daß unsere Rechtfertigung ganz Werk der Gnade sei, geht Prosper konkret ein dadurch, daß er die allerersten Heilsakte des menschlichen Willens, welche die Gnade in ihm hervorruft, einzeln nachweist. Der Lehre Cassians gegenüber, daß der Mensch zwar die Gesundheit nicht durch sich selbst erlangen könne, daß er aber von sich selbst die Sehnsucht nach der Gesundheit habe, ja daß er nur durch seinen Willen zum Arzt komme, und daß dieses Kommen selbst nicht auch Sache des Arztes sei, hält er entgegen: Als ob die Seele nicht selbst krank sei und gesund sich nach Hilfe für ihren Körper umsehe. Nun aber ist der ganze Mensch durch sie und mit ihr in die Tiefe seines Elendes

---

[1] Ad Rufin. 7.   [2] Ibid. 8.
[3] Ibid. 9.   [4] Ibid. 6.

geraten, wo zu liegen es sie, bevor sie vom Arzt Kenntnis von ihrem Unglück erhält, ergötzt, indem sie stets ihre Irrtümer liebt und Falsches statt Wahres festhält. Ihr erstes Heil besteht darin, daß sie anfängt, sich selbst zu mißfallen und ihre alte Schwachheit zu hassen; das zweite aber besteht darin, daß sie sich nach Gesundung sehnt und weiß, von wem sie geheilt werden kann. Dies geht ihrer Heilung so voraus, daß es ihr von dem, welcher ihre Krankheit zu heilen willens ist, eingepflanzt wird, damit es nicht scheint, als sei sie durch ihr Verdienst und nicht durch die Gnade geheilt worden.[1] Cassian hatte sich für seine Ansicht, daß der Mensch selbsteigen das Heil zu wirken anfange, auf Röm. 7, 18 berufen. Aber, entgegnet Prosper, derselbe Apostel lehre auch, daß wir nicht im stande seien, etwas von uns als aus uns selbst zu denken, sondern daß unsere Tüchtigkeit aus Gott sei (2. Kor. 3, 5); und daß es Gott sei, der in uns sowohl das Wollen als das Vollbringen nach Wohlgefallen bewirke (Phil. 2, 13). In letzteren und in ersteren Stellen könne nun der Apostel nicht mit sich selbst in Widerspruch sein. Auch das gute Wollen sei also von der Gnade geschenkt; nur fänden wir nicht sogleich auch das Thun, wenn nicht auf unser Bitten, Suchen und Anklopfen derjenige, welcher die Sehnsucht erteilt, den Effekt schenke. Röm. 7, 18 sei nämlich von dem schon unter der Gnade stehenden Menschen gesagt, welcher zwar am Gesetze Gottes nach dem innern Menschen Freude habe, aber in seinen Gliedern ein anderes Gesetz wahrnehme, das dem Gesetz seines Geistes widerspreche und ihn im Gesetz der Sünde gefangen halte, und welcher, obgleich er die Kenntnis des rechten Wollens empfangen, doch in sich nicht die Kraft vorfinde, das, was er will, zu thun, bis er nach dem guten Willen, den er empfangen, die Kraft der Tugend finde, welche er sucht.[2]

Erst jetzt, nachdem er in den Besitz der unverdienten Gnade gekommen, vermag der Mensch verdienstlich zu wirken,[3] und ist eine Mehrung des von der Gnade Christi in ihm begonnenen Guten durch die Bemühung seines freien Willens möglich. Doch bedarf er auch hierzu der Gnade, ohne die er im Guten ebenso wenig fortschreiten und verharren, als es anfangen kann.[4] Um im Reiche Gottes

---

[1] Contra collat. 4, 1.   [2] Ibid. 4, 2.   [3] Ibid. 14, 1.
[4] Respons. ad capit. Gallor. 6: Iustificatus itaque homo, i. e., ex

verharren zu können, genügt dem Menschen die Gnade, die es anfangs in ihm gewirkt hat, nicht; er muß das Verharren von da empfangen, woher er auch die Gerechtigkeit empfangen hat.[1] Seine Lehre zusammenfassend fragt daher Prosper: Welche Tugend oder Frömmigkeit wäre ausgenommen, die nicht aus dem Born der Gnade hervorflösse, wenn von Anfang bis zu Ende sowohl der Beginn als die Vollendung des guten Werkes Gott zukommt?[2] Übrigens faßt sich Prosper selbstverständlich bezüglich des Nachweises der Notwendigkeit der Gnade zur Fortsetzung und Vollendung des Guten kürzer, da ja dieser Punkt von den Semipelagianern zugegeben war; die Lehre von dem donum perseverantiae aber verbindet er mit jener von der Prädestination, womit sie auch zunächst zusammenhängt.

Was das Wesen der Gnade und die Art ihrer Wirksamkeit betrifft, so scheint sich Prosper der physischen Ansicht hierüber zuzuneigen, wenn er Cassian gegenüber, welcher die facultas boni in der menschlichen Natur gelegen sein läßt, behauptet, daß der Mensch dieselbe nur durch die Gnade habe. Doch fehlt für eine solche Auffassung bei ihm ihre Voraussetzung, nämlich die naturalis facultas liberi arbitrii; sodann charakterisiert er an zahlreichen Stellen die Mitteilung der Gnade an den Menschen als Inspiration oder Einhauchung,[3] und dementsprechend die Wirkung der Gnade auf den Willen als affectus[4] oder auch als delectatio,[5] zufolge welcher der Mensch im stande ist, die auf das Gute gehende Bewegung anzufangen. Zwar sagt Prosper, daß der freie Wille diesen affectus

---

impio pius factus, nullo praecedente bono merito, accipit donum, quo dono adquirat et meritum: ut quod in illo inchoatum est per gratiam Christi, etiam per industriam liberi augeatur arbitrii; numquam remoto adiutorio Dei, sine quo nec proficere, nec permanere in bono quisquam potest.
[1] Ad Rufin. 9: Ubi autem ipsum (sc. liberum arbitrium) illuminavit misericordia Christi, erutum est a regno diaboli, et factum est regnum Dei; in quo ut permanere possit, ne ea quidem facultate sufficit sibi, nisi inde accipiat perseverantiam, unde accepit industriam (al. iustitiam).
[2] Contra collat. 16, 2.
[3] Ibid. 2, 3. 5, 2. 12, 2. 14, 2.
[4] Ad Rufin. 15. Contra collat. 2, 4. 3, 1. 7, 2. 12, 2.
[5] Contra collat. 13, 6. 18, 3.

bonae voluntatis und den Anfang des Glaubens operante gratia empfange; allein sogleich fügt er bei, daß der Wille zufolge jenes von der Gnade herrührenden affectus das posse aliquid boni facere habe.[1] Wie ferne Prosper der fraglichen Auffassung der Gnadenwirksamkeit steht, ergiebt sich aus seiner ausführlichen Angabe über die Art und Weise, wie nach Joh. 6, 44 der Vater nicht bloß einige, wie Cassian wollte, sondern alle zieht, die zum Sohne kommen. Zu Gott, sagt er, zieht die Betrachtung der Elemente und die wohlgeordnete Schönheit all dessen, was in ihnen ist. Das Unsichtbare nämlich von ihm wird seit Schöpfung der Welt durch das, was geschaffen ist, denkend geschaut. Es ziehen die Verkündiger seiner Werke; die Seele des Zuhörers entflammen diejenigen, welche das Lob Gottes, seine Macht und seine wunderbaren Thaten erzählen. Es zieht die Furcht, die Freude, die Sehnsucht und die Ergötzung. Und wer könnte genau erkennen oder erzählen, durch welche Affekte die Heimsuchung Gottes die menschliche Seele führt, so daß sie dem nachgeht, was sie floh; das liebt, was sie haßte; nach dem hungert, was sie verschmähte, und plötzlich durch wunderbare Umwandlung ihr offenbar wird, was ihr zuvor verschlossen war; süß ist, was bitter, und klar, was dunkel war?

Mit dem Nachweis, daß die Gnade ausschließlich ohne alles vorhergehende Verdienst des menschlichen Willens, vielmehr diesem zuvorkommend erteilt werde, war, so ausführlich und siegreich ihn Prosper auch erbracht hatte, doch dem Semipelagianismus gegenüber noch nicht alle Schwierigkeit beseitigt. Cassian war nämlich der Ansicht, daß, wenn die Gnade auch den Anfang des guten Willens zu wirken habe, weil der Wille dies schlechterdings nicht vermöge, die menschliche Freiheit vernichtet sei, und hatte im Interesse der letzteren das Verhältnis zwischen beiden Faktoren dahin bestimmt, daß der Wille (wenn er will) der Gnade vorangehe, und daß diese jenem nur zur Fortsetzung und Vollendung des Guten notwendig sei. Je entschiedener nun Prosper an dem Dogma von der vorangehenden, den Willen zubereitenden Gnade festhielt, und je weniger auch er die Freiheit angetastet wissen wollte, desto mehr war es seine Aufgabe

---

[1] Ibid. 14, 1.   [2] Contra collat. 7, 2.

zu zeigen, daß durch diese Verhältnisbestimmung die Willensfreiheit durchaus nicht in Frage gestellt werde. In der That suchte er diesen Einwurf wiederholt zurückzuweisen, obwohl er ihn für ungereimt hielt. Die läppische Einwendung, sagt er, daß der freie Wille aufgehoben werde, wenn sowohl der Anfang als der Fortgang und das Verharren im Guten bis zum Ende als Geschenke Gottes angesehen werden, bringt uns nicht in Verwirrung. Denn die Unterstützungen der göttlichen Gnade sind nur Befestigungsmittel des menschlichen Willens. Mit Willen beten wir, und doch sandte Gott den Geist in unsere Herzen, welcher ausruft: Abba, Vater (Gal. 4, 6). Mit Willen reden wir, und doch, wenn wir fromme Reden führen, sind nicht wir es, welche reden, sondern ist es der Geist unseres Vaters, der in uns redet (Matth. 10, 20). Wollend wirken wir unser Heil, und doch ist es Gott, welcher dieses Wollen und Wirken selbst in uns bewirkt (Phil. 2, 13). Wollend lieben wir Gott und den Nächsten, und doch ist die Liebe aus Gott, ausgegossen in unsere Herzen durch den heil. Geist, der uns gegeben worden ist (Röm. 5, 5). Dasselbe bekennen wir vom Glauben, von der Erduldung der Leiden, von der ehelichen Treue, von der jungfräulichen Enthaltsamkeit und von allen Tugenden ohne Ausnahme. Denn wenn sie uns nicht geschenkt wären, fänden sie sich nicht in uns: und was den dem Menschen von Natur gegebenen freien Willen betrifft, so bleibt derselbe wohl in der Natur, aber mit veränderter Qualität und Beschaffenheit durch den Mittler Gottes und der Menschen, den Menschen Christus Jesus, welcher selbst den Willen von dem, was er in verkehrter Weise wollte, abwendet und in das, was für ihn gut ist zu wollen, umwandelt, auf daß er, nachdem er mit Lust erfüllt, durch Glauben gereinigt, durch Hoffnung aufgerichtet, von Liebe entzündet worden, die freie Knechtschaft übernehme und die knechtische Freiheit ablege.[1] Durch diese Regel des kirchlichen Glaubens — wonach die zuvorkommende Gnade jeden erst gut macht — wird keinem Menschen der Wille genommen: denn die Kraft der Gnade bewirkt in dem Willen nicht, daß er nicht ist, sondern daß er aus einem bösen ein guter und aus einem ungläubigen ein gläubiger ist, und daß er, der aus sich selbst Finsternis war, Licht

---

[1] Contra collat. 18, 3.

in dem Herrn wird; was tot war, wird belebt, was darniederlag, wird aufgerichtet, was verloren war, wird gefunden. Wir glauben, daß dies durchaus in allen Menschen, welche von der Macht der Sünde befreit und in das Reich des Sohnes der Liebe Gottes versetzt werden, ohne Ausnahme jeglicher Person, die Gnade des Erlösers bewirke.[1] Wenn einer über die jämmerlichen Eitelkeiten und die trügerischen Unsinnigkeiten errötend einsieht, daß all das nur Finsternis und Tod ist, was er bisher als Licht und Leben umfaßte, und sich ihm zu entziehen sucht, so rührt diese Bekehrung nicht von ihm her, obwohl sie nicht ohne ihn ist; noch erhebt er sich mit eigener Kraft zu den Anfängen des Heiles, sondern das bewirkt die geheime und mächtige Gnade Gottes, welche die Asche der irdischen Meinungen und der toten Werke beseitigt und das Feuer des verschütteten Herzens anfacht und in diesem die Flamme der Sehnsucht nach der Wahrheit entzündet, nicht um den Menschen wider seinen Willen (invitum) zu unterjochen, sondern um ihn nach der Unterwerfung heilsbegierig zu machen, noch um ihn ohne sein Wissen zu ziehen, sondern um ihm, indem er es weiß und folgt, voranzugehen. Der freie Wille nämlich, den Gott mit dem Menschen selbst erschaffen hat und der bleibt, wird von den Eitelkeiten und Begierden, in welche er durch Mißachtung des Gesetzes Gottes geraten ist, nicht von sich, sondern von dem Schöpfer umgewandelt, so daß alles, was in ihm zum Besseren wiederhergestellt wird, nicht ohne den, der gesund gemacht wird, aber auch nur von dem ist, der heilt, dessen neue Kreatur und neues Gebilde wir sind, geschaffen in Christo Jesu in guten Werken, welche Gott zubereitet hat, damit wir in ihm wandeln.[2] Es ist, heißt es an einer anderen Stelle, keine Gefahr für den freien Willen von der Gnade vorhanden, noch wird der Wille aufgehoben, wenn in ihm das gute Wollen erzeugt wird. Denn wenn man ihn deshalb nicht für den unsrigen halten dürfte, weil er von der Gnade gebildet, geleitet, geordnet und geweiht wird, so würden die Kinder Gottes, welche vom Geiste Gottes getrieben werden, der Freiheit beraubt, verlören sie die Kraft (vigorem) der vernünftigen Seele und gingen jeglichen Lobes der freiwilligen Hingebung verlustig, sie, welchen der Geist der Weisheit

---

[1] Ibid. 8, 3.   [2] Contra collat. 12, 4.

und des Verstandes, des Rates und der Stärke, der Kenntnis und
der Frömmigkeit und der Furcht Gottes gegeben wird.[1] Die Gnade,
sagt Prosper endlich, welche die Menschen nicht aus schon guten zu
bessern, sondern aus bösen zu guten erst macht, hebt den freien Willen
nicht auf, sondern macht ihn frei, welcher, so lange er ohne Gott
allein war, tot für die Gerechtigkeit war und der Sünde lebte, sobald
ihn aber die Barmherzigkeit Christi erleuchtet hatte, vom Reiche des
Teufels befreit und ein Angehöriger des Reiches Gottes wurde.[2]

Nach diesen Ausführungen beeinträchtigt also die zuvorkommende,
in ihrer Wirksamkeit unbedingte Gnade die Freiheit des Willens des=
halb nicht, weil sie diesen wahrhaft frei mache. Indessen trifft dieses
von Augustin entlehnte Argument nicht zu. Die Frage ist nicht, ob
der Wille durch die Gnade sittlich frei werde, sondern ob er dies,
wenn ihre Wirksamkeit eine zuvorkommende ist, nicht auf Kosten seiner
Wahlfreiheit werde. Die unbedingte Art der auf die sittliche, reale
Freiheit als Ziel gehenden Wirksamkeit der Gnade schien Cassian und
seinen Anhängern unvereinbar mit der dem Willen zukommenden
Wahlfreiheit zu sein, eine Behauptung, die sie um so mehr aussprechen
zu sollen glaubten, als nach ihnen schon die Begründung der Gnade
als zuvorkommender durch die Erbsünde auf einer Leugnung der
formalen Willensfreiheit beruht.

5.

Die Lehre von der Gnade führte Prosper auf die Prädesti=
nationsfrage, welche nicht nur mit jener innerlich zusammenhängt,
sondern auch geschichtlich den Ausgangspunkt des Semipelagianismus
bildet. Wenn von Prädestination die Rede ist, muß bei dem Aqui=
tanier unterschieden werden. Dem pelagianischen Naturalismus gegen=
über, welcher die Möglichkeit der Beseligung auch außerhalb der
christlichen Offenbarung annimmt und in diesem Sinne behauptet,
daß unbedingt alle Menschen selig werden können, lehrt Prosper zu=
nächst, daß, da nur die Gnade Christi selig zu machen vermöge, bei
Gott auch nur eine gewisse und bestimmte Zahl (certus apud Deum
definitusque numerus) aus der ganzen Menschheit, nämlich jener

---

[1] Ibid. 6. — De ingrat. 593—615. 973—995.
[2] Ad Rufin. 9.

Teil, welcher nach göttlichem Willen auf christlichem Gebiete sich befinde, zum ewigen Leben vorausbestimmt sei. Niemand anderer, sagt er, wird zur Teilnahme an der Erbschaft Christi gelangen, als wer vor Gründung der Welt auserwählt und vorausbestimmt und vorausgewußt worden ist, nach der Vorausbestimmung dessen, welcher alles nach dem Ratschluß seines Willens bestimmt (Eph. 1, 11).[1] Zur Begründung dieser Behauptung berief sich Prosper zunächst auf eine Reihe von Bibelstellen, welche die Erlangung des Heiles von der Predigt des Evangeliums Christi und dem Glauben daran abhängig machen.[2] Der Behauptung von der Möglichkeit des Heiles ohne und vor Christus hält er jene Stellen, wie Apg. 14, 14, entgegen, wonach unzählige Tausende von Menschen, ihren Irrtümern und Gottlosigkeiten überlassen, ohne alle Kenntnis des wahren Gottes ins Verderben gingen. Wahrlich, fügt er bei, hätte ihnen entweder die natürliche Erkenntnis oder der Gebrauch der Wohlthaten Gottes zur Ergreifung des ewigen Heiles hinreichend sein können, so würde uns auch in heutiger Zeit noch die vernünftige Betrachtung und die gemäßigte Beschaffenheit des Klimas (temperies aëris), sowie der Reichtum der Früchte und Nahrungsmittel beseligen, da wir ja durch den bessern Gebrauch der Natur unsern Schöpfer wegen seiner täglichen Geschenke verehren würden.[3] Es ist von selbst klar, welche weitere Folge die in Frage stehende Ansicht des strengen Pelagianismus über die Möglichkeit der Beseligung aller für das Christentum haben müßte. Ist Christus dem Menschen in Sachen seines Heiles nicht notwendig, kann dieser vielmehr ohne jenen durch die Natur allein zu demselben gelangen, was ihm der Erlöser bietet, so sinkt das Christentum, wie sehr es auch in seiner Wirklichkeit angenommen wird, offenbar zu etwas rein Zufälligem herab. Mit Recht war daher für Prosper die Leugnung der partikulären Prädestination zur Seligkeit im erwähnten Sinne nur ein Widerspruch gegen die Gnade selber.[4] Einen besonderen Beweis dafür, daß nicht die Natur, sondern die Gnade Christi es sei, welche die Menschen ethisch von einander unterscheide, nahm Prosper von jenen Kleinen her, welche zur Taufe gelangen und

---

[1] Ad Rufin. 15.   [2] Ibid. 14. 15.   [3] Ibid. 11.
[4] Ibid. 11: Quod quidem tam impium est negare, quam ipsi gratiae contraire.

bald nachher aus diesem Leben hinweggenommen in den Genuß der ewigen Seligkeit eintreten, während eine unzählige Menge Kinder von eben derselben Natur und geschöpflichen Beschaffenheit ohne Wiedergeburt wegsterbe und ohne Zweifel keinen Anteil am Reiche Gottes habe. Welcher Unterschied von Verdiensten, fragt er, konnte zwischen den geretteten und nichtgeretteten Kindern stattfinden? Was hat jene ins Reich Gottes eingeführt, bei denen weder vorausgehende noch nachfolgende Frömmigkeit, weder Gehorsam noch sonst eine Willensverschiedenheit ausgewählt wird? Und was hat letztere vom Reiche Gottes ausgeschlossen? Wenn es auf das Verdienst ankommt, so verdiente nicht der eine Teil beseligt, sondern verdienten beide verdammt zu werden, weil, nachdem alle durch Adams Übertretung darniederliegen, auch alle der unparteiischen Gerechtigkeit verfallen blieben, wenn nicht die barmherzige Gnade einige von ihnen aufnähme.[1]

Von diesem Prädestinationsbegriff verschieden ist der von Prosper gegen die Semipelagianer geltend gemachte. Diese nämlich behaupteten wohl die Notwendigkeit des Christentums zur Beseligung des Menschen, lehrten aber, daß, weil die Versöhnung in Christo ausnahmslos für alle sei, auch alle selig werden können, in Wirklichkeit aber nur jene es werden, welche wollen. Diejenigen nun, von welchen Gott solches von Ewigkeit vorausgesehen, habe er auch ewig zur Seligkeit vorausbestimmt; daher sei die Prädestination die von Gott auf Grund seiner Präscienz um das sittliche Verhalten der Menschen von Ewigkeit her gefaßte Vorausbestimmung derselben zur Seligkeit.[2] Hiernach ist das die Menschen religiös-ethisch von einander unterscheidende Princip ihr eigener Wille und unzertrennlich von der Behauptung des unbedingt allgemeinen Heilsratschlusses, ja nur eine Folge hiervon ist die Lehre von der Erteilung der Gnade auf vorangehendes Verdienst hin. Um dem zu begegnen und die unbedingte Wirksamkeit der Gnade zu wahren, griff Prosper auf den Augustinischen Begriff der Prädestination zurück und faßte sie als partikuläre: nur wenn ein Teil der sündigen Masse der Menschheit von Gott zur Seligkeit vorausbestimmt sei, sei auch die das Heil bis zum Ende wirkende Gnade wahrhaft unverdient und

---

[1] Ad Rufin. 12. 13. — De ingrat. 616—647.
[2] Prosp. ep. ad Aug. 3.

unbedingt.¹ In diesem partikularistischen Sinne erklärt er die bekannte universalistisch lautende Stelle 1. Tim. 2, 4. Die allmächtige Güte Gottes, meint er, beselige und führe alle jene zur Erkenntnis der Wahrheit, welche eben nach seinem Willen selig und zur Erkenntnis der Wahrheit gelangen sollen, weil, ohne daß er rufe, lehre und beselige, keiner komme, keiner unterrichtet und beseligt werde, und weil es kein Volk auf Erden gebe, aus welchem nicht viele beseligt würden.² Zwar scheint Prosper den Heilsuniversalismus zu lehren, wenn er auf den Einwurf, daß nach dem Augustinischen Prädestinationsbegriff Gott nicht alle selig haben wolle, selbst wenn alle wollten, erwidert, man müsse mit ganzer Aufrichtigkeit glauben und bekennen, daß es Gottes Wille sei, alle Menschen zu beseligen, wie auch aus dem in allen Kirchen beobachteten, auf apostolischem Gebote beruhenden Gebrauche, für alle Menschen zu beten, erhelle.³ Aber je unzweideutiger Prosper anderwärts eine partikuläre Prädestination zum Heile lehrt, desto mehr muß man doch fragen, ob diese seine Worte nicht etwa bloß universalistisch klingen? Wenn Prosper die Möglichkeit zugiebt, daß, wie Vincentius gegen den Augustinischen Prädestinationsbegriff einwarf, Gott nicht alle selig haben wolle, selbst wenn alle es werden wollten, indem ja Gott selbst jene beselige, von denen man nicht sagen könne, daß sie selig werden wollen, aber um diesem semipelagianischen Einwurf die Härte zu benehmen, sich auf unerforschbare Gründe in Gott beruft, und wenn er sodann, von dieser Unterscheidung absehend (remota hac discretione), den aufrichtigen Glauben an die Beseligung aller durch den göttlichen Willen verlangt, so steht dieser universalistische Heilswille Gottes zu dem infolge unerforschlicher Gründe sich nur partikulär verwirklichenden doch in einem zu ausschließenden Gegensatz, als daß er es im ernstlichen Sinne sein könnte; anderseits aber kann das Gebet der Kirche für alle, und nicht bloß für diejenigen, welche prädestiniert sind, um Beseligung nur stattfinden, weil wir eben nicht wissen, wer auserwählt ist, und kann deshalb nur ein frommer Wunsch sein, dessen Nichterfüllung ihren Grund in den unerforschlichen Gerichten Gottes hat.

---

[1] Respons. ad capit. Gallor. 8.
[2] Ad Rufin. 13. 15.
[3] Respons. ad capit. obiection. Vincentianar. c. 2.

Für die wahre Universalität des göttlichen Heilswillens bei Prosper scheint ferner zu sprechen, was er auf den Einwurf gegen die Augustinische Fassung der Prädestination, daß nach ihr Christus nicht für alle gestorben sei, erwidert, nämlich daß, wiewohl Christus nur für diejenigen eigentlich gestorben sei, denen sein Tod durch Zueignung der in ihm gegebenen Gnade in der Wiedergeburt nütze, doch mit Recht gelehrt werde, der Erlöser habe den Versöhnungstod für die ganze Welt gelitten, weil er die eine und gemeinsame Natur aller Menschen, und weil er sie wegen der einen Sache aller, nämlich des gemeinsamen Verderbens aller in und durch Adam angenommen habe.[1] Allein bei genauerer Betrachtung bewegt sich Prosper auch mit diesen Worten nur in Abstraktionen, wonach sich der Heilspartikularismus der Wirklichkeit zu dem behaupteten Universalismus der Möglichkeit nach rein gegensätzlich verhält. Ist der Grund oder die Veranlassung der Annahme der allen Menschen gemeinsamen wahren Natur durch den Logos die durch die Sünde Adams hervorgerufene Sündhaftigkeit aller, und erstreckt sich insofern der Tod Christi, wie behauptet wird, auf alle, wie kann dann letzterer dies, d. h. Tod für alle, in Wahrheit auch nur der Möglichkeit nach noch sein, wenn die in ihm gegebene Gnade zufolge partikulärer Prädestination nur einer bestimmten Zahl von Menschen zu teil wird? Freilich ist zuzugeben, daß, da der Tod des Herrn ein wirksamer für den einen Teil der Menschheit ist, er es auch für den andern Teil, welcher sich in derselben causa perditionis ab Adamo wie jener befindet, sein könnte, wenn Gott wollte. Aber diese Möglichkeit ist doch nur eine abstrakte, bei welcher der Universalismus eigentlich in demselben Augenblicke, wo er behauptet wird, wieder zurückgenommen erscheint. Wenn dem nicht so wäre und Prosper in Wahrheit den Heilsuniversalismus lehrte, wie könnte er sagen, daß aus den Worten des Herrn bei Matth. 11, 21. 22 und bei Luk. 10, 13 erhelle, nicht allein die Syrier und Sidonier, sondern auch Chorazin und Bethsaida hätten sich bekehren und aus Ungläubigen Gläubige werden können, wenn Gott in ihnen dies hätte bewirken wollen?[2] Und wie könnte er sonst sagen, daß

---

[1] Respons. ad capit. Gallor. — Respons. ad capit. obiection. Vincentianar. 1.

[2] Respons. ad excerpt. Genuens. 8.

Gott alle Menschen beseligen wolle, weil er aus der ganzen Welt die ganze Welt auserwähle und aus allen Menschen alle Menschen adoptiere?[1] Durch all seine Entgegnung auf die Angriffe der Semipelagianer und Verteidigung dagegen hat daher Prosper nicht, wie sehr es auch den Anschein haben mag, den Heilsuniversalismus gelehrt, sondern nur die der Augustinischen Gnadenlehre von jenen angedichteten Härten des Prädestinatianismus zurückgewiesen.[2]

Beide Prädestinationsbegriffe, der antipelagianische und antisemipelagianische, wie sehr sie sich von einander unterscheiden, kommen doch darin überein, daß sie den Heilspartikularismus lehren; außerdem wurzeln sie, wie ihr Gegensatz, in einer und derselben Grundanschauung. Daher entwickelt und begründet Prosper dieselben, indem er die dagegen vorgebrachten Einwendungen seiner Gegner widerlegt, nicht so fast nach ihrem Unterschiede, als vielmehr nach ihrem gemeinsamen und einheitlichen Charakter.

Die partikuläre Fassung der Prädestination zog Augustin von semipelagianischer Seite zuerst den Vorwurf zu, daß er die Präscienz mit der Prädestination identifiziere und so eine zweifache Vorausbestimmung zur Seligkeit und zur Verdammung lehre.[3] Gestützt auf den von Augustin ausdrücklich hervorgehobenen Unterschied zwischen Prädestination und Präscienz[4] entgegnet Prosper, daß es nur eine Prädestination, nämlich zum Heile, gebe, weil nur das Gute Gegenstand des positiven Willensaktes Gottes sein könne. In diesen Begriff nimmt Prosper als weiteres Moment die Präscienz auf, wie sie sich auf das göttliche Thun bezieht. Ganz in Übereinstimmung mit seinem

---

[1] Sentent. sup. 8 zu den respons. ad capit. Gallorum.

[2] Ibid.: Item qui dicit, quod non omnes homines velit Deus salvos fieri, sed certum numerum praedestinatorum, durius loquitur quam loquendum est de altitudine inscrutabilis gratiae Dei etc.

[3] Respons. ad capit. Gallor. 12. 15.

[4] De praedest. SS. 10, 19: Praedestinatio est, quae sine praescientia non potest esse; potest autem esse sine praedestinatione praescientia. Praedestinatione quippe Deus ea praescivit, quae fuerat ipse facturus. ... Praescire autem potens est etiam, quae ipse non facit, sicut quaecunque peccata. ... Quocirca praedestinatio Dei quae in bono est, gratiae est, ut dixi, praeparatio; gratia vero est ipsius praedestinationis effectus.

Lehrer[1] sagt er gegenüber dem die ewige Erwählung zur Seligkeit von dem göttlichen Vorauswissen um den selbsteigenen Glauben des Menschen abhängig machenden semipelagianischen Begriffe: Wir bekennen mit frommem Glauben, daß Gott unwandelbar vorausgewußt habe, welchen er den Glauben schenken oder welche er seinem Sohne geben werde, damit er von ihnen keinen verliere, und daß er, wenn er dies vorauswußte, auch seine Wohlthaten vorauserkannte, durch welche er uns zu befreien würdigt; und daß hierin die Prä= destination der Heiligen bestehe, nämlich in der Voraus= erkenntnis und Zubereitung der Gnade Gottes, durch welche sie auf das gewisseste erlöst werden.[2]

Über das Verhältnis der in dieser Definition enthaltenen beiden Momente der Prädestination und Präscienz zu einander hat sich Prosper nicht näher ausgesprochen, wohl weil er hierüber sich nicht ganz klar war; wenigstens hielt er an der Augustinischen Lehre nicht konsequent fest. Dem Prädestinationsbegriff seines Meisters huldigend muß er die Präscienz auf die Prädestination gründen.[3] Mit Augustins Lehre steht es aber nicht im Einklang, wenn er anderseits lehrt, daß diejenigen, welche nicht prädestiniert sind, es nicht seien, weil sie, wenn sie auch getauft sind, als persönliche Sünder vorauserkannt seien.[4] Denn nach Augustin beruht auch die Nichtprädestination nicht auf der Prä= scienz, sondern auf dem vom Heile ausschließenden ewigen Willen Gottes.[5]

---

[1] De dono persever. 14, 35: Haec est praedestinatio sanctorum, nihil aliud: praescientia scilicet et praeparatio beneficiorum Dei, quibus certissime liberantur, quicunque liberantur.

[2] Responsio ad excerpta Genuens. 8: Hanc esse praedestinationem sanctorum, praescientiam scilicet et praeparationem gratiae Dei, qua certissime liberantur.

[3] Nach Augustin hat Gott durch seine Prädestination eine absolut gewisse Präscienz dessen, was er thun wird. Ep. ad Vital. 4: Omnia futura opera sua in praedestinatione praescivit. — De praedest. SS. 17, 34: In praedestinatione Deus sua futura facta praescivit. — De dono perseuer. 18, 47: Hoc est ergo praedestinavit: sine dubio enim praescivit, si praedestinavit: sed praedestinasse, est hoc praescisse, quod fuerat ipse facturus. — Siehe Rottmanner, Der Augustinismus. S. 14. 15.

[4] Respons. ad capit. Gallor. 3. — Respons. ad capit. obiection. Vincentianar. 12.

[5] Ep. ad Vital. 6: Tam multi salvi non fiunt, non quia ipsi, sed

Was die **Reprobation** oder die ewige Verwerfung der in der Zahl der Prädestinierten nicht Begriffenen anlangt, so führt Prosper dieselbe, wie soeben erwähnt, abweichend von Augustin, auf Gottes Präscienz um das Willensverhalten zurück: weder will sie Gott positiv kondemniert haben, noch ist ihre Nichtprädestination der Grund, warum sie sündigen und ins Verderben gehen, sondern weil Gott ihre Sünden voraussieht, prädestiniert er sie nicht zur Seligkeit. Dasselbe gilt von denjenigen, welche zwar die Regeneration empfangen, aber wieder abfallen. Daß sehr viele, entgegnet Prosper den Galliern, von der Heiligkeit zur Unlauterkeit, von der Gerechtigkeit zur Ungerechtigkeit, vom Glauben zum Unglauben übergehen, ist nicht zu bezweifeln, und daß auf solche die Prädestination der Kinder Gottes und Miterben Christi sich nicht beziehe, ist durchaus gewiß. Obgleich nun solche Sünder abgefallen sind, ohne wieder zur Besserung zurückzukehren, so hatten sie doch deshalb, weil sie nicht prädestiniert sind, keine Notwendigkeit zu Grunde zu gehen; vielmehr sind sie deshalb nicht prädestiniert, weil Gott von ihnen vorausgesehen hat, daß sie solche durch freiwillige Übertretung sein werden.[1] Daß von den in Christo Jesu Wiedergeborenen, heißt es an einer anderen Stelle, einige den Glauben und die frommen Sitten verlassen und von Gott abfallen und abgewendet von ihm in einem gottlosen Leben endigen, wird leider durch viele Beispiele bestätigt. Aber ihren Fall deshalb Gott zuzuschreiben, ist eine maßlose Verkehrtheit: als ob er deshalb der Anstifter und Urheber ihres Falles sei, weil er von ihnen vorausgesehen, daß sie mit ihrem eigenen Willen fallen werden, und deshalb sie von den Söhnen des Verderbens durch keine Prädestination ausgeschieden habe.[2]

---

quia Deus non vult. — De dono persever. 12, 31: Plerumque festinantibus parentibus, et paratis ministris, ut baptismus parvulo detur, Deo tamen nolente non datur, qui eum paululum in hac vita non tenuit ut daretur.

[1] Respons. ad capit. Gallor. 3: . . . tales ad praedestinationem filiorum Dei non pertinere certissimum est. Quod ergo huiusmodi in haec prolapsi mala, sine correctione poenitentiae defecerunt, non ex eo necessitatem pereundi habuerunt, quia praedestinati non sunt: sed ideo praedestinati non sunt, quia tales futuri ex voluntaria praevaricatione praesciti sunt.

[2] Ibid. 7: . . . sed horum lapsum Deo adscribere, immodicae pravi-

Weil sie als fallende vorausgewußt sind, sind sie nicht vorausbestimmt. Sie wären aber vorausbestimmt, wenn sie zurückkehren und in Heilig=keit und Wahrheit verbleiben würden. Und deshalb ist die Prädesti=nation Gottes für viele die Ursache, warum sie stehen, für keinen aber der Grund zu fallen.[1] Auch die absolute Gewißheit der gött=lichen Vorauserkenntnis legt niemanden die Notwendigkeit, mit dem Willen zu sündigen, auf.[2]

Durch diese nachdrückliche Hervorhebung des von seinem Meister selbst schon festgehaltenen Unterschiedes zwischen Prädestination und Reprobation hat Prosper die von den Semipelagianern gegen Augu=stinus ausgesprochenen, auf eigentlichen Prädestinatianismus lautenden Einwürfe zurückgewiesen. Dennoch bestehen nicht unwichtige Bedenken und Schwierigkeiten fort. Um nur bei den von den Semipelagianern erhobenen stehen zu bleiben, so ist es freilich nicht wahr, daß nach Augustins Prädestinationslehre die von Gott Berufenen nicht in gleicher Weise berufen seien, sondern die einen, damit sie glaubten, die anderen, damit sie nicht glaubten, so daß die Berufung für die einen die Ur=sache des Unglaubens, wie für die anderen die Ursache des Glaubens wäre;[3] allein der Vorwurf der ungleichen Berufung gilt doch in=sofern, als Gott die zum Zustandekommen des Glaubens und zum Verharren darin notwendige Gnade den einen durch Nichtprädestinaton entzieht, während er sie den anderen giebt. Zwar bedient sich auch Prosper des von Augustin gebrauchten Argumentes, daß alle diejenigen, welche die Gnade von dem allgemeinen Verderben des Menschen=geschlechtes nicht ausgenommen habe und welche deshalb nicht selig werden, nach gerechtem Gerichte nicht ausgenommen seien und nicht

---

tatis est: quasi ideo ruinae ipsorum impulsor atque auctor sit, quia illos ruituros propria ipsorum voluntate praescivit, et ob hoc a filiis perditionis nulla praedestinatione discrevit.

[1] Respons. ad capit. obiection. Vincentianar. 12 heißt es mit Bezug auf 1. Joh. 2, 19: Voluntate exierunt, voluntate ceciderunt. Et quia praesciti sunt casuri, non sunt praedestinati. Essent autem praedestinati, si essent reversuri et in sanctitate ac veritate mansuri. Ac per hoc praedestinatio Dei multis est causa standi, nemini est causa labendi.

[2] Ibid. 13: Nemini per hoc quod falli non potest, aut necessitatem aut voluntatem intulit delinquendi.

[3] Respons. ad capit. Gallor. 5.

unschuldig zu Grunde gehen, und daß sich keiner wegen dieses Verfahrens über Gott beklagen könne, der ja keinen zu beseligen brauchte und alle ins Verderben gehen lassen könnte. Allein dasselbe widerlegt obigen Einwurf nicht. Denn mit dem Nachweis, daß die partikuläre Prädestination keine Ungerechtigkeit Gottes gegen die Nichtprädestinierten in sich schließe, ist die Ungleichheit seines Verfahrens gegen die Menschheit in Sachen ihres Heiles noch keineswegs gerechtfertigt.

Nach den Semipelagianern ist der (ausschließliche) Begriff der zuvorkommenden Gnade an sich schon unverträglich mit der Freiheit des menschlichen Willens; noch mehr mußte nach ihnen dies der Fall sein, wenn, wie dies von Prosper nach dem Vorgange Augustins geschah, die Gnade im Interesse ihrer Unbedingtheit als partikuläre aufgefaßt und ihre absolute Wirksamkeit von der partikulären Prädestination abhängig gemacht wird. In der That behaupteten sie, daß eine solche Gnade der Freiheit des Willens keinen Raum lasse. Prosper nennt diese Behauptung eine thörichte und unbesonnene und glaubt sie als solche durch folgende Worte nachzuweisen. Obgleich in den Kleinen, denen die Taufe zu teil wird, offenbar kein Werk und kein Verlangen ihres Willens existiert, und die meisten, die zwar den Gebrauch des freien Willens haben, aber von Gott abgewendet sind und ein Leben in Lastern führen, die erlösende Wiedergeburt (liberatrix regeneratio) bei ihrem letzten Lebenshauche heiligt, so finden wir doch, wenn wir diesen Teil der Kinder Gottes, welcher für die Werke der Frömmigkeit aufbewahrt wird, mit frommem Sinne betrachten, daß in ihnen der freie Wille nicht aufgehoben, sondern wiedergeboren ist, welcher, da er allein und sich selbst überlassen war, sich nur zu seinem Verderben bethätigte. Denn er selbst hatte sich geblendet und vermochte nicht sich selbst zu erleuchten. Nun aber ist eben dieser Wille umgewandelt und nicht zerstört (conversum est, non eversum), und es ist ihm gegeben, anders zu wollen, anders zu denken, anders zu handeln und seine Unversehrtheit nicht sich, sondern dem Arzte zuzuschreiben; denn er besitzt noch keine so vollkommene Gesundheit, daß das, was ihm geschadet hatte, jetzt nicht mehr schaden könnte oder er sich von dem, was ungesund ist, durch seine eigenen Kräfte zu enthalten vermöchte. Demzufolge ist der Mensch, welcher mit freiem Willen böse war, auch bei freiem Willen gut gemacht worden: aber während er durch sich böse war, ward er durch Gott gut gemacht, welcher ihn in jene ursprüngliche Ehre (in illum initialem honorem) durch einen anderen Anfang derart umbildete, daß er ihm nicht bloß die Schuld des bösen Willens und Thuns nachließ, sondern auch das gute Wollen und Thun sowie das Verharren darin verlieh.[1] Wie man sieht, enthält diese Stelle nur dasselbe Argument, dessen sich Prosper zur Widerlegung des von der Willensfreiheit hergenommenen Einwurfes gegen die zuvorkommende Wirksamkeit der Gnade bediente. Allein wenn das Argument, wie früher gezeigt wurde (S. 113 ff.), schon diesen Zweck nicht erreicht, wie vermag es darzuthun, daß die mit Ausschluß aller übrigen nur an einen Teil der Menschen geschenkte zuvorkommende Gnade die Willensfreiheit nicht beeinträchtige?

Ähnlich verhält es sich mit der Augustinischen Lehre von der Reprobation. Zufolge des oben angegebenen Unterschiedes, den Prosper nach Augustin zwischen Prädestination und Präscienz macht, fallen auch bezüglich ihr die dagegen erhobenen, gleichfalls auf Prädestinatianismus lautenden Einwürfe dahin. Es ist durchaus unberechtigt zu sagen, daß nach Augustins Reprobationsbegriff Gott einen Teil der Menschen nicht zur ewigen Seligkeit, sondern zur Unseligkeit erschaffen habe. Gott ist, entgegnet Prosper, lediglich Urheber der Natur, welche an sich gut und in allen gleich ist; die Sünde, um welcher willen die Reprobation erfolgt, hat sich die menschliche Natur erst nach der Schöpfung in Adam wegen seines verkehrten Freiheitsgebrauches zugezogen.[2] Ebenso wenig läßt sich behaupten, daß Gott in den Reprobierten die Sünde positiv wirke; ausdrücklich bemerkt Prosper, daß Gott sich zu der Sünde des Menschen nur durch seinen zulassenden Willen verhalte.[3] Gleichwohl bleiben nicht unerhebliche Schwierigkeiten zurück. Läßt sich schon der Begriff der Reprobation als schlechthiniger Ausschluß eines Teils der Menschheit vom Heile um der adamitischen Sünde willen, wie bereits oben erwähnt, nicht rechtfertigen, so entsteht insbesondere, wenn die persönlichen Sünden

---

[1] Ep. ad Rufin. 17.
[2] Respons. ad capit. Gallor. 13. — Sentent. super 13. — Ibid. c. 1. — Respons. ad capit. obiection. Vincentianar. 3.
[3] Respons. ad excerpta Genuens. 7.

als Gegenstand der die Verwerfung begründenden Präscienz ins Auge gefaßt werden, die Frage, ob in der That die Willensfreiheit so gewahrt ist, wie Prosper uns versichert? Wird nur ein Teil der Menschheit zum Heile prädestiniert, und wird der andere in dem adamitischen Zustande belassen, so steht es nach Prospers Begriff von der Erbsünde sowie nach jenem von der Gnade gar nicht in dem freien Willen des von vornherein vom Heile ausgeschiedenen persönlichen Menschen, zu sündigen oder nicht, und von freiwilligen Sünden, welche Gegenstand der Präscienz sein könnten, läßt sich ernstlich nicht mehr reden; denn seine eigenen Sünden können es nur noch insofern sein, als es eben sein spontaner Wille ist, der sie thut. So aber ist die Präscienz, auf welche die Reprobation sich stützen soll, nur die Vorauserkenntnis, daß der Mensch, weil von der Gnade ausgeschlossen, aktuell sündigen und deshalb nicht selig sein werde: d. h. es ist die Präscienz bezüglich der persönlichen Sünden durch das den Menschen von der Gnade ausschließende ewige Willensdekret Gottes bedingt und begründet nicht die Reprobation, sondern ist von letzterer bedingt.

Derselbe Mangel trifft Prospers Erklärung bezüglich jener, welche in Christo zwar regeneriert werden, nachher aber wieder abfallen und ins ewige Verderben gehen. Da sowohl die Prädestination als Reprobation nach ihm unwandelbare, unabänderliche ewige Akte Gottes sind und der Unterschied beider ein fester und durchaus kein fließender auch nur in Bezug auf ein Individuum ist, so sollte man meinen, daß ihre Ausführung in der Zeit an den Betreffenden sofort bei ihrem Eintritt in diese Wirklichkeit durch die kontinuierliche Wirksamkeit der Gnade und durch ihre immerwährende Entziehung stattfinde. Wie jedoch die Erfahrung zeigt, fängt die Gnade in vielen erst später das Heil zu wirken an, wogegen sie in anderen gleich anfangs wirksam erscheint, endlich aber diesen wieder entzogen wird, so daß sie ins ewige Verderben gehen. Wie kommt dies nun? Bezüglich der ersteren Erscheinung giebt Prosper die Erklärung, daß Gott den Menschen deshalb längere Zeit in der Sünde fortwandeln lasse und ihn erst später davon zurückrufe, damit das Werk seiner Gnade desto mehr verherrlicht werde.[1] Rücksichtlich der nach empfangener

---
[1] Ep. ad Rufin. 4: Ego quidem etiam hoc de divitiis misericordiae

Begnadigung Gefallenen wendeten die Massilienser ein, daß nach der Augustinischen Fassung der Prädestination in ihnen, als nicht zum ewigen Leben Vorausbestimmten, die Taufe die Erbsünde nicht hinwegnehme. Hierauf entgegnet nun Prosper, daß in ihnen als Getauften die adamitische Sünde völlig getilgt und nicht mehr vorhanden sei, und daß sie daher, wenn sie wiederum sündigen, nicht zurück in die nachgelassene Erbsünde, sondern in ihre eigenen persönlichen Sünden fallen, und daß diese der Grund seien, warum sie niemals vom ewigen Verderben ausgeschieden worden seien, indem Gott diese ihre freiwilligen Sünden nach der Taufe in seiner untrüglichen Präscienz von Ewigkeit voraussehe.[1] Gewiß hat Prosper recht, wenn er sagt, daß nach Augustinischer Lehre nicht die Erbsünde, welche zufolge der Taufe nicht mehr existiere, sondern die persönliche Sünde der Grund der Verwerfung der gefallenen Wiedergeborenen sei; allein gleichwohl sieht man nicht ein, wie die nach der Taufe von ihnen begangenen Sünden als freiwillige ihre Verwerfung verursachen, wenn sie von vornherein durch den ewigen Willensbeschluß Gottes von dem Heile ausgeschlossen sind. Da Prosper so wenig als Augustin den Unterschied zwischen vorangehendem (allgemeinem) und nachfolgendem (konkret partikulärem) Heilswillen Gottes kennt oder annimmt, so sollte man vielmehr meinen, daß, weil dieselben nicht prädestiniert sind, sie nur eine Zeit lang Wiedergeborene bleiben und sodann der Sünde verfallen.

Aus diesen wenigen kritischen Bemerkungen ergiebt sich, daß der von Prosper verteidigte Prädestinations- und Reprobationsbegriff auf Konsequenzen führt, die er selber nicht zugegeben haben will, und seine betreffende Ansicht unverträglich mit dogmatischen Lehren ist, die er zum Teil selbst ausdrücklich anerkennt. Prosper beruft sich hier-

---

Dei spero, quod quos nunc libero falli arbitrio suo, et ab humilitatis via patitur evagari, non usquequaque neque in finem sit intelligentia fraudaturus: sed hunc ipsum in longinquiora progressum, ideo ab eo tardius revocari, ut opus gratiae eius maiore gloria celebretur, cum sibi etiam adversantium corda subdiderit, quibus de virtutum studio exortum est periculum et de morum probitate discrimen. Non quia quisquam carere his debeat, sed quia miserrimus eorum usus est, cum ex naturali putantur facultate prodisse, aut ex largitate quidem gratiae, sed aliquo vel boni operis, vel bonae voluntatis merito praecedente venisse.

[1] Respons. ad capit. Gallor. 2.

wegen wie sein Lehrer auf das Geheimnisvolle, welches die Frage nach dem ewigen Verhalten des göttlichen Willens zu dem Heile des Menschen an sich habe.[1] Und in der That hat er im allgemeinen mit dieser Berufung recht. Je weniger es uns gelingt, die **abso= lute, unbedingte Wirksamkeit** der göttlichen Gnade in ihrer Ver= einbarkeit mit der **Freiheit** des menschlichen Willens zu begreifen und zu erklären, desto weniger läßt sich auch das Problem in den reinen Begriff auflösen. Nicht mit Unrecht bemerkte daher Prosper über die Prädestinationslehre der Semipelagianer, daß sie schon des= halb falsch sei, weil sie (im Widerspruch mit dem Worte des Apostels Röm. 11, 33) die an sich unerforschlichen Gerichte und Wege Gottes für erforschbar halte und das Geheimnis durch seine Auflösung preisgebe.[2] Allein indem Prosper die Schwierigkeiten, ja Härten, welche sein Prädestinationsbegriff an sich hat, mit der Unerforschbar= keit des Prädestinationsdogmas an sich nicht bloß zu entschuldigen, sondern selbst zu rechtfertigen sucht, begeht er eine Verwechslung: **sein** Begriff der Prädestination ist diese nicht in ihrer Objektivität selbst; das von ihm namhaft gemachte Unbegreifliche an dem ewigen Heils= willen Gottes kann daher auch nur **seiner Auffassung** der Sache gelten.

[1] Respons. ad capit. Gallor. 8. — De ingrat. 659—766.
[2] Ibid.: Causas vero operum et iudiciorum Dei, qui ex toto ad humanas voluntates et actiones refert, quas tamen in parvulorum adoptione aut abdicatione non invenit, et dispensationes Dei ex liberi arbitrii vult mutabilitate variari, profitetur sibi scrutabilia iudicia Dei, et vestigabiles vias eius; et quod doctor gentium Paulus non audebat attingere, hic se existimat reseratum posse vulgare.